BIRGIT DAMER

MÄRCHEN VON Kräutern UND Gewürzen

Illustrationen von
Carole Isler

Impressum

Ein verlagsneues Buch bekommt man in Deutschland und Österreich überall zum selben Preis. Die kulturelle Vielfalt wird durch die gesetzliche Preisbindung geschützt. Auf dem Land und in der Stadt, im Internet und in jeder Buchhandlung gilt der gebundene Ladenpreis.

Satz: Julia Graff
Lektorat: Hädecke-Team
4 3 2 1 | 2025 2024 2023 2022

Vertrieb: Hädecke Verlag GmbH & Co. KG, 71263 Weil der Stadt
www.hädecke.de

Gesamtherstellung: GCC, Calbe
Produziert auf Materialien aus vorbildlich bewirtschafteten, FSC®-zertifizierten Wäldern sowie anderen kontrollierten Quellen.

Printed in Germany 2022
ISBN 978-3-7750-0403-9

Inhalt

Anis

Das Geschenk der Feen *Schweiz*

Zu einer Zeit, da die Menschen und das Feenvolk noch friedlich miteinander lebten, war es Brauch, dass man bei der Geburt einer Fürstentochter alle benachbarten Feen zu einem Festmahl einlud und um ihren Segen bat. So geschah es auch auf Schloss Valraux im Juragebirge, wo die Ankunft einer kleinen Prinzessin gefeiert werden sollte. Das Fest war kein üppiges Bankett, da die Feen durch ihre ätherische Natur die Speisen nie wirklich verzehrten, sondern nur deren Essenz aufnahmen. Trotzdem war es dem Fürst ein Dorn im Auge, all die überirdischen Wesen, die ihm etwas unheimlich erschienen, zu sich nach Hause einzuladen. Stattdessen überlegte er, wie man die Sache auf ein Minimum reduzieren könnte. Als erstes begann er auf der Gästeliste die Namen der Feen durchzugehen. „Fangen wir bei A an: Anïse und Artemys – schöne Namen, aber leider zwei arme Unkrautfeen. Sie besitzen nicht einmal das richtige Blütenkleid für diesen Anlass", dachte er und strich sie von der Gästeliste. So waren am Ende viele Edelpflanzen eingeladen, wie die Rosenfee, die ein atemberaubendes Kleid trug, die Wald- und Wiesenfeen aber hatten das Nachsehen. Als der offizielle Teil schließlich vorbei war und die Segenssprüche der Feen ein Ende fanden, trat unvermutet eine schlanke grüne Gestalt an die Wiege der Prinzessin. Es war die Fee Artemys. Sie hielt ihren Zauberstab über das kleine Menschenkind und sprach: „Du sollst die Bitterkeit kennenlernen, die darin liegt anders als die Anderen zu sein, einsam und allein sollst Du Dein Leben fristen." Damit legte sich ein grüner Nebel über die Wiege. Artemys drehte sich um und wollte schnellen Schrittes den Saal verlassen, als eine weißgekleidete Fee sich ihr in den Weg stellte. „Schwester, halte ein, wir sollten niemals unseren Kummer auf die Menschen übertragen. Ihr Leben ist schon traurig genug." Auch Anïse war ungeladen erschienen. Sie strich liebevoll mit ihrem weißen Schleier über die kleine Prinzessin und sprach: „Im Bitteren ein Körnchen Süße finden, das soll Dein Schicksal sein!" Mit diesen Worten verschwanden beide Feen und die übrigen Gäste verließen fluchtartig das Fest. Voll böser Vorahnung nahm die Fürstin ihre Tochter aus der Wiege. Entsetzt stellte sie fest, dass Haut und Haar des Mädchens ganz grün geworden waren. Schnell ließ sie ein Bad zubereiten – doch vergebens, kein Wasser dieser Welt vermochte die grüne Farbe zu entfernen. Verzweifelt beschloss der Fürst mit seiner Frau einen Bittgang zu den Schwestern zu unternehmen, auf dass sie Fluch und Segen wieder zurücknähmen. „Es war unklug, uns so gering zu achten", schalt Artemys das Elternpaar. „Unsere Fähigkeiten sind denen der Edelgewächse weit überlegen, wie Ihr seht." „Ich kann meiner Schwester nur beipflichten", sprach Anïse. „Aber es gibt eine Möglichkeit, Eure Schuld zu begleichen. Lasst die Prinzessin bei uns aufwachsen, denn unser Schicksal ist es, kinderlos zu bleiben. Nach sieben Jahren wird sie an Eure Tür klopfen; wenn Ihr sie wiederkennt wird sie bei Euch bleiben, wenn nicht, dann kehrt sie für immer zu uns zurück." Dem Fürstenpaar blieb nichts weiter übrig, als den Vorschlag anzunehmen. Sie brachten die kleine Prinzessin in die Feengrotte, wo sie die nächsten Jahre bleiben sollte. Die Schwestern nannten das kleine grüne Mädchen Pimpinella und es machte ihnen große Freude, sie aufwachsen zu sehen. Sie schlief auf weichen Mooskissen, badete mit den Nixen im Wasserfall und spielte mit den Kobolden Verstecken. Am liebsten aber verbrachte sie die Zeit bei Anïse, die wie eine Mutter für sie war. In ihrer Küche duftete es stets nach dem süßen Brot, das die Fee extra für sie gebacken hatte. Und es gab einen Kräutertrank, der weiß wie Milch wurde, wenn man etwas Quellwasser hinzufügte, und der schließlich dafür sorgte, dass Pimpinellas Haut wieder ihre normale Farbe annahm und ihr Haar glänzte wie Gold. Feenjahre zählen doppelt so viel wie Menschenjahre und so war, nach Ablauf der Zeit, aus dem kleinen Mädchen eine junge Schönheit geworden. Zum Abschied gaben die Schwestern ihrem Patenkind einen Beutel voll Gewürzkörnchen, damit sie Brot backen konnte und dazu eine Flasche des Kräuterelixiers. Als sie zum Tor von Valraux zurückkehrte und dem Wachposten erklärte, dass sie zu ihren Eltern wolle, wurde sie ausgelacht. „Du armes Bauernmädchen willst eine Fürstentochter sein? Eher geht eine Maus durchs Nadelöhr. Aber Du kannst gleich mitkommen und in der Küche Dienst tun, uns ist heute eine Magd ausgefallen." So wurde Pimpinella in die Schlossküche gebracht, wo sie die Teller und den Herd saubermachen musste. Als die Vorbereitungen für das abendliche Mahl getroffen wurden, steckte sie heimlich das Feengewürz in den Brotteig und gab ein Schlückchen Kräuterelixier zum Wasser. Kaum hatte das Fürstenpaar an der Tafel Platz genommen, da erschrak der Mundschenk, weil das Wasser wie Milch war und man Mäusedreck im Brot gefunden hatte. Man holte den Vorkoster, um zu sehen, ob es sich um Gift handelte, aber nachdem der beides probiert hatte, konnte er nur sagen, dass es das Köstlichste war, was er je gegessen hatte, und er glücklich sterben könne, wenn dies seine letzte Speise gewesen sei.

Daraufhin forschte man in der Küche nach und befand Pimpinella für schuldig. Sie wurde vor den Thron gebracht und als sie niederkniete und den Kopf senkte, entdeckte die Fürstin ein grünes Haar auf ihrem blonden Schopf. „Das kann nur unsere Tochter sein, die von den Feen zurückgekehrt ist!", rief sie aus. Glückselig umarmten die Eltern ihr verloren geglaubtes Kind. Dann wurde ein Fest gefeiert auf dem alle Kräuter wie Ehrengäste behandelt wurden und fortan war es bei Strafe verboten, sie als Unkraut zu bezeichnen.

Die Anispflanze *Pimpinella anisum* ist ein hocharomatisches, süß schmeckendes Doldengewächs, das sich vom Orient aus über ganz Europa verbreitet hat. Der Name kommt vom lateinischen *bipennula* für zweiflügelig; eine Eselsbrücke, um die zweifach gefiederten Blätter von denen des giftigen Schierlings zu unterscheiden. Die ursprüngliche Heimat der Pflanze erkennt man noch im spanischem Gewürznamen *matalahúva,* einer Verballhornung des arabischen *habbat halúwwa* (Süßkorn). Mit persischen Eroberern kam der ANIS als Gewürz für Teigfladen und Süßspeisen nach Europa, wo er in altgriechische und römische Rezepte Einzug hielt. Spanien und die Türkei sind heute die Hauptanbaugebiete von Anis, der sonnige und kalkhaltige Standorte braucht, damit in seinen weißen Blütendolden, die sichelförmigen Samen heranreifen. Die ganze Pflanze ist reich an Anethol, einem ätherischen Öl, das gegen Koliken und Blähungen hilft und Husten lindert, da es durch die Lunge wieder ausgeschieden wird. Mit Anis vertrieb man nicht nur Ungeziefer und böse Geister, man benutzte ihn auch zum Aromatisieren von Tabak und Alkohol. Im Schweizer Jura wurde im 18. Jahrhundert *Absinth,* eine hochprozentige Spirituose aus Anis, Wermut *(Artemisia absinthium)* und anderen Kräutern hergestellt. Die leuchtend grüne Flüssigkeit wurde wie Medizin mit Wasser eingenommen, was die Anisölpartikel milchig-weiß werden ließ. Nicht nur der spektakuläre Farbwechsel machte Absinth schnell zum Modegetränk der Pariser Bohème, die eigens Karaffen und Rituale für den Genuss der „grünen Fee" erfand. Als manche Hersteller begannen, Absinth mit Methanol und giftigen Farbstoffen zu strecken, kam es zu Todesfällen und 1910 schließlich zum Verbot des Kräuterelixiers. Erst hundert Jahre später wurde es rehabilitiert und darf nun wieder verkauft werden. Wer die magischen Kräfte des Anis nutzen möchte, der teilt am 30. November ein Stück Anisgebäck mit einer geliebten Person und hofft, dass der Zauber sie ewig binden möge.

Basilikum

Die schöne Vasilissa *Zypern*

Auf einer Insel im Ägäischen Meer lebte einst ein altes, weises Königspaar, das hatte drei Söhne. Als eines Tages die Königin starb, fühlte auch der König, der seine Frau sehr geliebt hatte, seine Kräfte schwinden. Da sich sein kleines Königreich nicht teilen ließ, musste er entscheiden, welcher Sohn seinen Platz einnehmen sollte. Doch sein Herz wollte keinem den Vorzug geben und so dachte er sich eine gerechte Prüfung aus.

Er stieg mit seinen Söhnen auf den höchsten Berg und ließ sie ihre Bogen spannen. „Nun soll jeder seinen Pfeil abschießen. Dort wo er auftrifft, sucht Euch eine Gemahlin, die eines Königs würdig ist, und bringt sie heim. Ein Mann ist nur so gut wie die Frau, die mit ihm ist – das weiß ich aus eigener Erfahrung." Die drei Söhne marschierten in unterschiedliche Richtungen und zielten so weit sie konnten. Dann machten sie sich auf, ihre Pfeile zu suchen.

Der älteste Sohn, der stark wie ein Bär war, hatte am weitesten geschossen. Er fand seinen Pfeil in einem Basar, wo ihn die Tochter eines Tuchhändlers aus einem Seidenballen zog. Da das Mädchen von angenehmer Gestalt und gut gekleidet war, meinte er, sein Glück gemacht zu haben. „Welche Frau könnte wohl besser geeignet sein, die Frau eines Königs zu werden", dachte er und nahm sie mit ins königliche Schloss.

Der Pfeil des Zweitältesten war im Innenhof eines prächtigen Hauses steckengeblieben. Als er den Hof betrat, erblickte er ein edles Mädchen, das Harfe spielte. „Das ist die Frau, die es wert ist, meine Königin zu sein", dachte er und hielt um ihre Hand an.

Der Pfeil des jüngsten Sohnes aber flog zu einer Blumenwiese. Dort sammelte ein Mädchen wilde Kräuter und sang dabei: „Eins pflück ich, eins drück ich und eins soll meine Brautkrone sein." Und just als sie das letzte Kraut pflücken wollte, blieb der Pfeil vor ihr in der Erde stecken. Der Prinz eilte zu ihr und war augenblicklich verliebt in das schöne Mädchen. Als er

nach ihrem Namen fragte, sagte sie: „Man nennt mich Vasilissa. Aber wer bist Du und warum schießt Du Pfeile in meinen Garten? Du hättest mich töten können." „Mein Pfeil ist meinem Herzen vorausgeflogen, schöne Vasilissa. Ich suche eine Frau, die eines Königs würdig ist", sprach der Prinz. „Wenn Du die Meine sein willst, dann komm mit mir." Weil der Prinz von edler Gestalt war und ihr gut gefiel, willigte sie ein, ihn zu begleiten.

Als sich die Söhne wieder im Palast einfanden, rief sie der König zu sich und ließ sich die Braut jedes einzelnen vorstellen. Dann erhob er sich und sprach: „Meine Söhne, Ihr habt alle gut gewählt, aber nur einer von Euch kann den Thron erben. Deshalb soll nun das weibliche Geschick über Eures entscheiden. Möge jede Braut mir ein Gericht zubereiten, welches wahrhaft königlich ist." Nach diesen Worten waren die Frauen des ältesten und des mittleren Sohnes außer sich. „Wie soll ich ein Gericht in der Küche zubereiten, wo meine kostbaren Kleider schmutzig werden", klagte die eine. „Warum soll ich kochen, ich bin Musikerin und brauche meine zarten Hände fürs Harfe spielen", jammerte die andere. Nur Vasilissa dachte: „Ich will dem König das geben, was der Pfeil des Prinzen in meinem Garten getroffen hat." Am nächsten Tag schon sollte der Wettbewerb beginnen.

Der König versammelte seinen Hofstaat an einer langen Tafel und bat die Braut des ältesten Sohnes zu beginnen. Die Tochter des Tuchhändlers hatte einen Pfau schlachten lassen und den gebratenen Vogel mit seinen bunten Federn verziert. Dabei hatte sie zwar ihr Kleid ruiniert, aber das Ergebnis war schön anzuschauen. Der König konnte keinen Bissen von dem Braten anrühren und erklärte. „Es ist fürwahr ein Kunstwerk, das Du geschaffen hast, aber es wird immer daran erinnern, dass die Schönheit und das Leben vergänglich sind."

Dann bat er die Braut des Zweitältesten um die Probe ihres Könnens. Diese hatte die Saiten ihrer Harfe zu einem Quirl gebunden, um einen luftigen Schaum aus Eiweiß und Zucker zu schlagen, den sie mit Rosenblüten verzierte. Als der König davon probierte, war er entzückt über die Leichtigkeit und den süßen Geschmack. „Das ist eins der köstlichsten Dinge, die ich je gegessen habe, meine Tochter. Doch bedenke, nur von süßer Luft allein kann der Mensch nicht satt werden."

Schließlich trat Vasilissa barfuß, mit einem Blumenkranz im Haar, vor den König. Sie reichte ihm ein Holzbrett, mit einer Scheibe Brot und Tomaten, so rot wie ihre Wangen. Oben auf aber lagen grüne Blätter, die so stark und verführerisch dufteten, dass ein Raunen durch den ganzen Saal ging. Dem König erschien das Gericht ein wenig schlicht, doch kaum hatte er das Stück Brot verzehrt, da fühlte er sich so stark und gesund wie schon lange nicht mehr. Sein Geist wurde klar und er erkannte, dass sein jüngster Sohn die beste Wahl getroffen hatte.

Bald darauf überließ er ihm die Herrschaft über das Königreich und erfreute sich, dank seiner klugen Schwiegertochter, noch lange bester Gesundheit. Das wunderbar belebende Kraut aber benannten sie nach ihr: „Vasilikon", das Königliche.

Als *Basilie, Königskraut* oder auch *Hirnkraut* ist das BASILIKUM dank seinem zu Kopf steigenden Aroma in Deutschland bekannt. Über Griechenland kam das vermutlich aus Indien stammende Gewächs nach Europa, wo sein lateinischer Gattungsname *Ocimum basilicum* das königlich Duftende bedeutet. Weltweit gibt es eine Vielzahl von unterschiedlichen Sorten, glatte und behaarte, grüne und purpurfarbene sowie klein- und großblättrige. Basilikum galt in vielen Kulturen als heilig und sollte nicht mit unreinem Metall geschnitten werden. In Indien ist *Tulsi*, das *Heilige Basilikum*, der Göttin Lakshmi geweiht, in Europa war es Brauch, Brautkränze aus Basilikum auf dem Kopf oder am Bund zu tragen, um reichen Kindersegen zu erbitten. Der intensive Duft der Blätter entsteht aus verschiedenen Ölkomponenten, die auch in Anis, Zimt, Minze, Weihrauch oder Zitrusfrüchten enthalten sind. Diese ätherischen Öle sind zugleich der Grund, dass man Basilikum nur frisch verwenden sollte.

Basilikumpflanzen lieben die Sonne und warme Böden (mindestens 12 °C). Kulinarisch ist vor allem die italienische Küche reich an Rezepten mit dem Königskraut. Allen voran *Pesto alla Genovese*, eine Paste aus Basilikum, gerösteten Pinienkernen, Parmesan, Salz und bestem Olivenöl. Um Bitterstoffe zu vermeiden, vermengt man die Zutaten nicht im Mixer, sondern nimmt einen Mörser aus Holz oder Stein dafür.

Chili

Der Feuervogel *Brasilien*

Bevor sich das Volk der Inkas auf den Weg zur Sonneninsel machte, lebten sie auf der Insel Marajó in der Mündung des Amazonas. Da das Land sumpfig und ständig überflutet war, bauten sie eine Stadt, die wie ein Floß auf dem Wasser schwamm und am Ufer mit Lianen befestigt war. Überall wuchsen Früchte und Blumen und der Fluss war reich an Fischen, so dass kein Einwohner der Stadt Hunger leiden musste. Doch der dichte Dschungel ließ kaum Licht durch das Blätterdach und im Inneren der Stadt tropfte unermüdlich feiner Regen. Am Morgen, wenn die Sonne aufging, sah man nur kurz ein paar ihrer goldenen Strahlen, dann stieg dampfend der Nebel auf – so ging es Jahr um Jahr.

Die Menschen wurden mit der ständigen Feuchtigkeit unzufrieden und wünschten sich Wärme und Licht. In weiter Ferne hatten sie einen Berg gesehen, in dem das göttliche Feuer Tag und Nacht brannte. Dorthin wollten sie einen Kundschafter schicken, der ihnen wenigstens einen Funken davon brachte. Das Orakel sagte, dass nur der ausdauerndste Krieger diesen Weg beschreiten könne, und es bestimmte den jungen Xingú dazu, die Stadt zu verlassen, um das Feuer zu holen.

Xingú ließ sich segnen, nahm sein Kanu und ruderte flussaufwärts gegen den Strom. Es war eine lange beschwerliche Reise bis zu den Feuerbergen. Seine Beine waren vom Sitzen schon ganz unbeweglich, da beschloss er, eine Nacht am Ufer zu rasten. Er befestigte sein Kanu und stieg auf einen Kapokbaum mit glatter grauer Rinde. Oben angekommen sah er ein Vogelnest, in dem eine riesige Anakonda sich um den Hals eines Vogels geschlungen hatte.

„Hilf mir!", flüsterte der Vogel mit letzter Kraft. Xingú nahm sein Messer und hieb der Schlange den Kopf ab. Dann befreite er den Vogel aus dem Würgegriff. „Du hast mein Leben gerettet. Nun will ich Dein Diener sein und Dich begleiten, wohin Du auch gehst", sagte der Vogel. „Ich bin der Guará. Du sollst an meiner Stelle im Nest schlafen und Dich von der langen Reise erholen.“ Das ließ sich Xingú gefallen und er fiel in einen tiefen Schlaf.

Am nächsten Morgen machte er sich bereit, die Reise fortzusetzen. Der Guará flog ihm dabei immer ein Stück voraus, um ihn vor Stromschnellen zu warnen. Endlich sahen sie in der Ferne den Feuerberg, der wie ein schwarzer Aschekegel in den Himmel ragte. Auf seinem Gipfel loderten Flammen und glühende Lavaströme ergossen sich ins Tal. Xingú zog sein Boot an Land und machte sich fertig für den Aufstieg. Er hatte schon einen Teil des Weges geschafft, als plötzlich der Boden unter seinen Füßen so heiß wie feurige Kohlen wurde und er nicht mehr weiterkonnte. Verzweifelt dachte er: „Das kann nicht das Ende meiner Reise sein. Ich darf nicht ohne das Feuer zurückkommen, sonst verliere ich meine Ehre.“

„Ich kann Dir helfen“, sprach der Guará. „Für mich ist es eine Kleinigkeit, Dich zum Feuer zu bringen. Du musst nur aufpassen, dass meine Federn nicht verbrennen. Halt Dich gut fest!“ Xingú ergriff die Füße des Vogels und wurde von ihm hoch auf den feuerspeienden Berg getragen. Die Hitze nahm ihm fast den Atem, als er ein langes Rohr an der Glut entzündete. „Schnell, trag mich zurück nach Marajó, sonst erlischt das Feuer unterwegs“, drängte er. Der Vogel tat sein Bestes und versuchte eine Abkürzung zu fliegen, aber der Flusslauf war gewunden wie eine Schlange.

Xingú pustete währenddessen in das Rohr, um die Glut zu erhalten, und streifte dabei die Federn des Guarás. „Vorsicht, komm nicht zu nah heran mit der Glut“, bat der Vogel. Doch eine Feder hatte schon Feuer gefangen. „Reiß sie heraus!“, rief der Guará. Xingú riss ihm die Feder aus und ließ sie in den Fluss fallen, aber es war zu spät, das Federkleid brannte schon an mehreren Stellen. „Du musst weitermachen, sonst werden wir abstürzen!“, befahl der Vogel und Xingú tat, was er forderte und warf alle brennenden Federn nach unten. Mit letzter Kraft erreichten sie das Ziel, wo der Guará sein restliches Federkleid, das feuerrot geworden war, im Wasser kühlte.

Xingú überreichte das glimmende Schilfrohr dem Stammespriester, der damit ein Licht im Tempel entzündete. Das Feuer half den Menschen zu kochen und Schalen aus Ton zu brennen. Auch ihre Herzen wurden dadurch erwärmt und sie konnten nun bei Dunkelheit zusammensitzen, essen und trinken und sich Geschichten wie diese erzählen. Aus den Vogelfedern, die im Amazonas landeten, wuchs eine Pflanze mit Früchten, die wie Feuer brennen. Noch heute sieht man den roten Guará im kühlen Flusslauf stehen und nach ihnen Ausschau halten.

Die **CHILIPFLANZE** *(Capsicum frutescens* und *C. annuum)* ist ein Nachtschattengewächs, das seinen Ursprung im Amazonasbecken hat. Indianische Urvölker haben bereits vor 7.000 Jahren die ersten Früchte gesammelt, die sie in ihrer Sprache *xilli* (rot) nannten. Heute hat die Gewürzschote ebenso viele Namen wie Schärfegrade: *Aji, Berbere, Cayenne, Espelette, Peperoncino* und *Pimenta malagueta* sind nur einige davon. Am anschaulichsten ist die Bezeichnung *Piment oiseau* – Vogelpfeffer, denn auf diesem Weg hat sich das Saatgut verbreitet und gelangte so bis nach Mexiko. Jahrhunderte später brachte Kolumbus den Chili nach Europa, wo er als Spanischer Pfeffer dem teuren indischen Gewürz (Seite 56) bald Konkurrenz machte. Chilis waren preiswerter und ließen sich in Europa kultivieren. Im fruchtbaren Donaudelta fand das Gewürz eine neue Heimat mit neuem Namen: Paprika. Ob Chili oder Paprika, alle Arten der Pflanze enthalten deutlich mehr Vitamin C als Zitrusfrüchte. Eine Entdeckung, die dem ungarischen Forscher Albert Szent-Györgyi 1937 den Nobelpreis einbrachte. Nicht nur wissenschaftlich interessant ist zudem das für die Schärfe verantwortliche *Capsaicin*. Es fördert die Durchblutung, tötet Pilze und Bakterien und ist ein echter Stimmungsaufheller. Zwei raffinierte Rezepte aus dem Reich der Azteken sind *Pipián*, eine grüne Chilisauce mit Kürbiskernen, und *Mole poblano*. Diese süß-scharfe Sauce wird zu gekochtem Huhn, Reis oder Tortillas serviert. Sie wird in jedem Dorf ein wenig anders zubereitet, unbedingt hinein gehören aber mindestens drei unterschiedliche Chilisorten, Mandeln, Rosinen, Knoblauch, Zimt und viel dunkle Schokolade.

Cumin

Cominos Rache *Malta*

Der Großmeister von Malta hatte eine Nichte, die liebte er wie sein eigenes Kind. Als die Zeit gekommen war, sie zu verheiraten, dachte er sich eine Prüfung für die Brautwerber aus. Wer den Mut hatte, eine Nacht lang auf der schmalen Kuppel der Kathedrale zu balancieren, sollte um ihre Hand anhalten dürfen. Nur ein Ritter von besonderer Tapferkeit und Gottesfurcht, dachte er, könne diese Aufgabe erfüllen. So gab es nur drei Bewerber um die Hand des Mädchens. Der erste war ein italienischer Adliger mit feinen Manieren. „Das ist ein leichtes für mich. Ich werde noch mein Hündchen zum Spaziergang mitnehmen", scherzte er. Doch als er von oben in den hundert Meter tiefen Abgrund schaute, verließ ihn der Mut und er reiste schleunigst wieder ab. Der zweite war der Sohn eines spanischen Edelmanns. Er machte wenig Worte und war tollkühn genug, auf die hohe Kuppel zu klettern. Dort bewegte er sich anmutig hin und her, bis er mit zunehmender Dunkelheit die Kälte und Müdigkeit zu spüren begann. Bald verfehlten seine Füße den Weg und er stürzte in die Tiefe. Am Ende gab es nur noch einen Einzigen, der sich zutraute, die Nacht auf dem Dach der Kathedrale zu verbringen. Sein Haar war schwarz wie ein Kümmelkorn, deshalb wurde er überall Comino genannt. Er war der Sohn eines maurischen Gelehrten, der sich auf die Kunst verstand, heilende Kräuter und Essenzen zu mischen. Obwohl man seinen Rat suchte, war er nicht im Mindesten der Bräutigam, den sich der Großmeister für seine Nichte vorstellte. „Ein Quacksalber ist er und ein Muselmann", dachte er ärgerlich, doch er musste auch ihn sein Glück versuchen lassen. Comino aber kletterte, ohne zu zögern, auf die Balustrade. Nach dem Fastenmonat Ramadan fiel es ihm leicht, nachts wach zu bleiben. Er suchte sich den hellsten Stern als Orientierungspunkt am Himmel, dann balancierte er sicher wie eine Katze in der luftigen Höhe. Als er am nächsten Morgen wohlbehalten wieder

herunter fand, konnte der Großmeister seinen Unmut kaum verbergen. „Wie hast Du es geschafft, die ganze Nacht dort oben zu bleiben?“, fragte er. „Ich habe mir einen Stern zu Hilfe genommen, der hat mein Herz gewärmt, das nun Eurer Nichte gehört“, erwiderte Comino lächelnd. Darin sah der Großmeister einen Vorwand, um ihn los zu werden: „Wenn Du Hilfe gehabt hast, dann ist die Probe nicht bestanden.“ Und er befahl „Bringt ihn hinaus!“ Die Wachen geleiteten den armen Comino bis vor das Palasttor. Einige Wochen später wurde eine königliche Karavelle gesichtet, die im Hafen vor Anker ging. An Bord waren Gesandte des Malteserordens, die von ihrem Großmeister erwarteten, gebührend bewirtet zu werden. Im Palast herrschte nun Aufregung, weil weder Küche noch Keller auf ein festliches Bankett vorbereitet waren. Selbst an Köchen mangelte es. Der Küchenmeister selbst war schon betagt und fühlte sich außerstande, solch eine hohe Gesellschaft ohne tagelange Vorarbeit zu bewirten. Comino nutzte die Gunst der Stunde, um in der Palastküche seine Dienste anzubieten. „Mit meinen Zutaten kann ich für den Hof eines Sultans kochen, sie werden auch den Großmeister zufrieden stellen", sagte er und breitete seine kostbaren Gewürze aus. So überließ man ihm die Planung und die Zubereitung des ganzen Mahls. Schnell ließ er Fleisch, Fisch, Gemüse und Backwaren herbeischaffen und machte sich an die Arbeit. Am Ende des Tages waren alle Gerichte in Schüsseln und Töpfen vorbereitet, ein Herdfeuer ließ er aber nur unter dem Wasserkessel anzünden. Der Großmeister, der seinen Gästen ein besonderes Festessen versprochen hatte, wollte sich nun selbst davon überzeugen, dass alle Vorbereitungen für den Abend getroffen waren. Als er in die Küche hinunterstieg, sah er mit Schrecken, dass alle Gerichte nur zur Hälfte fertig waren. „Warum um Gottes Namen sind unsere Herdfeuer aus und alle Speisen kalt geblieben? Was werden die Ordensritter dazu sagen?", rief er verzweifelt. Nun trat Comino, der sich heimlich verborgen hatte, hervor und sprach „So wie der Stern einst mich erwärmt hat, so gedachte ich auch die Speisen für Eure Tafel zu wärmen." Da erkannte der Großmeister den Brautwerber wieder und schämte sich, ihm Unrecht getan zu haben. Hoch und heilig versprach er, Wort zu halten und ihn mit seiner Nichte zu verheiraten, wenn er nur sein Werk in der Küche vollenden würde. Nach einigem Bitten ließ Comino alle Feuer in der Küche entfachen und bereitete ein so wohlschmeckendes Festmahl, dass sich die Gäste noch lange daran erinnerten. Bald darauf wurde die versprochene Hochzeit gefeiert. Comino erhielt das Amt des Hofapothekers und das Recht, auf einer unbewohnten Nachbarinsel Heilkräuter zu züchten.

Der Großmeister leitete den Malteserorden, bis er fast hundert Jahre alt war. Man sagt, er verdankte seine Gesundheit den Kräutern; vor allem dem maltesischen Kümmel, der auf Cominos kleiner Insel noch heute büschelweise wächst.

Der CUMIN *(Cuminum cyminum)* ist eine zarte, feinkrautige Gewürzpflanze aus der Familie der Doldenblütler, die früher in jedem Klostergarten zu finden war. Weil seine herzförmigen Blütenblätter sich wie bei einem Malteserkreuz gegenüberstehen, wird der Cumin auch *Kreuzkümmel* genannt. Obwohl man das nussig-erdige Aroma von Kreuzkümmel vor allem mit arabischen oder indischen Speisen verbindet, ist seine Verbreitung den Römern zu verdanken, bei denen er äußerst beliebt war. Die ursprünglich aus dem Niltal stammende Pflanze ist eher unscheinbar und anspruchslos, doch sie braucht drei sonnige Sommermonate, damit ihre Fruchtkapseln reifen. Das in ihnen enthaltene ätherische *Cuminaldehyd* regt die Fett- und Eiweißaufspaltung an und unterstützt so die Verdauung. Außerdem wirkt er krampflösend, weshalb Hildegard von Bingen den sogenannten *Mutterkümmel* gegen Frauenleiden empfahl. Ein alkoholischer Auszug von Kreuzkümmelsamen wurde schon im Mittelalter als Medizin verabreicht. Aquavit, wörtlich übersetzt Lebenswasser, nennt man noch heute den verdauungsfördernden Kümmelschnaps, von dem es auch die Marke mit dem Malteserkreuz gibt. Kreuzkümmel ist wichtiger Bestandteil von Gewürzmischungen wie Currypulver, z. B. *Garam Masala* oder *Panch Phoron*. Die länglichen Samen entfalten einen intensiveren Geschmack, wenn sie vor dem Mahlen geröstet werden. Sie vertragen sich gut mit Kichererbsengerichten wie Hummus oder Falafel. Auch die häufig dazu gereichte Würzpaste Harissa enthält viel davon. Dafür zerstößt man Kreuzkümmel mit Chilis, Knoblauch, Koriandersamen und Salz in einem Mörser und gibt so viel Olivenöl dazu, bis eine cremige Sauce entsteht, die sich, mit Öl bedeckt, gut aufbewahren lässt.

Estragon

Das Schlangenei *Nepal*

Als das große Rad der Zeit sich zu drehen begann, verteilte sich die Weisheit auf sieben Rishis, einer von ihnen war der große Kashyapa. Seine Aufgabe war es, die Welt und alle Lebewesen zu erschaffen. Und weil er dies nicht allein vermochte, vermählte sich der Rishi mit dreizehn himmlischen Schwestern. Zwei davon hatte er besonders lieb gewonnen: Die eine war Vinata, Herrin der Lüfte, leicht und beweglich wie der Wind. Ihr Geist war ungestüm und die Zeit, die er mit ihr verbrachte, war ihm nie langweilig. Die andere war Kadru, sie herrschte über die Erde und das Wasser. Nur mit ihr konnte Kashyapa den tiefsten Frieden finden.

Vinata erwartete als erste Nachwuchs. Sie baute ein Nest aus Bambus und legte ein Ei hinein. Jeden Tag schaute sie nach, drehte und wendete es und pochte dabei zu früh an die Schale, um zu prüfen, ob das Leben darin schon bereit sei. Das Ei zersprang und ein weißes Licht fuhr zischend gen Himmel . So wurde aus Vinatas Ungeduld Agni, der Blitz, geboren.

„Beim nächsten Mal will ich länger warten,", sagte sich Vinata und bewahrte das zweite Ei in der Krone eines Banyanbaumes auf. Viele Jahre vergingen, bevor sich endlich ein Riss in dessen Schale zeigte. Weil sie so neugierig darauf war, das Antlitz ihres Kindes zu sehen, kratzte Vinata wiederum zu stark an der Schale und zerbrach auch dieses Ei. Darin befand sich bereits ein schöner Knabe, nur die Beine fehlten ihm zur Vollkommenheit. Als Kashyapa davon hörte, tadelte er sie, doch er sprach: „Unser Sohn soll nicht für Deine Ungeduld bestraft werden. Ich werde ihn in eine Kutsche setzen, damit er die Sonne über den Himmel ziehen kann." So wurde aus Vinatas Neugier Aruna, der Sonnenlenker, geboren.

Als Vinata zum dritten Mal ein Ei zur Welt brachte, schwor sie, es nicht wieder vorzeitig anzurühren. Sie baute ihr Nest auf dem Himalaya und ließ es von Adlern bewachen. Viele hundert Jahre musste sie Ungeduld und Neugier

bezwingen, bevor sich in der Schale etwas regte. Schließlich wurde ihr Warten belohnt und dem dritten Ei entstieg ein vollkommenes Wesen, das halb Mensch und halb Adler war. So wurde aus Vinatas Geduld Garuda, der Götterbote, geboren.

Nun wurde auch Kadru schwanger und da sie die fruchtbare Erde liebte, formte sie ein Nest aus Lehm und legte ihr Ei hinein. Während des Wartens stellte sie sich vor, was daraus schlüpfen würde. „Vielleicht etwas, das halb Mensch und halb Fisch ist, wie eine Nixe", dachte sie. Doch als die Zeit gekommen war und die Eierschale sich löste, krochen zu Kadrus Erstaunen nur viele grüne Schlangen aus ihrem Ei. „Oh weh!", dachte sie. „Wie soll ich dem weisen Rishi erklären, dass dies unsere Kinder sind?" Und sie versteckte die Schlangen auf den Reisfeldern. Wieder und wieder legte sie ein Ei ins Nest und hoffte auf ein Wunderkind, aber sie brachte immer nur Schlangen zur Welt, die sie weiter versteckt hielt. Eines Tages gab es so viele Schlangen im grünen Gras, dass Garuda auf eine von ihnen trat und gebissen wurde. Das Gift lähmte ihn und er fiel in eine tiefe Ohnmacht. Als Kashyapa davon erfuhr und erkannte, dass durch Kadrus Geheimnis Krankheit und Tod in die Welt gekommen waren, war er außer sich vor Zorn. Er jagte den Schlangen nach, um die Schuldige unter ihnen zu finden, doch sie sahen alle gleich aus und sobald er eine zu fassen bekam, streifte sie ihre Haut ab. In seiner Raserei vertrieb er die Schlangen bis in die Sümpfe, wo sie sich noch heute vor dem wütenden Rishi verstecken. Kadru aber blieb einsam und allein zurück. Sie sammelte die Schlangenhäute ein, vergrub sie und vergoss bittere Tränen über ihr Schicksal. Nach einiger Zeit bemerkte sie, wie die Erdkruste sich teilte. Ein feines, grünes Blatt schlängelte aus dem Boden und bald war eine Pflanze entstanden, die einzigartig und süß duftete. Da verstand Kadru, dass dies ein Zeichen der Versöhnung war. Sie nahm die Pflanze und ging zu Vinata, die vor Garudas Bett Wache hielt. Gemeinsam legten sie die grünen Blätter auf die Wunde und es dauerte nicht lange, da erwachte Garuda vollständig genesen aus seinem Todesschlaf. So wurde das Gleichgewicht in der Welt wiederhergestellt. Der Götterbote aber, andernorts Hermes genannt, trägt seitdem einen Zauberstab aus Schlangenkraut bei sich.

ESTRAGON *(Artemisia dracunculus)* stammt aus dem zentralasiatischen Raum zwischen dem Schwarzen Meer und den Gebirgen, die sich von Sibirien bis zum Himalaya erstrecken. Von Griechenland aus (dort bekannt als *drákos*) verbreitete sich das Kraut über ganz Europa. Es gedeiht sogar im fernen Island, wo es nach dem Drachen *Fáfnir* aus der Nibelungensage benannt wurde. Ob *Drachenkraut, Fáfnisgras, Tarragon, Dragoncella* oder chinesisch *Long Hao* (guter Drache) – wer Estragon im Garten hat, weiß, dass er sich schlängelnd den besten Platz im Beet erobert. Die Ägypter destillierten bereits vor 4.000 Jahren ein duftendes Öl aus seinen Blättern. Estragon gehört zur Gattung *Artemisia*, also Pflanzen, die wie Beifuß und Wermuth der Göttin Artemis geweiht waren. Ihre antiseptische, entkrampfende Wirkung nutzten kräuterkundige Frauen zur Wundheilung, bei Regelschmerzen und Parasitenbefall. Man unterscheidet zwei Arten von Estragon: den einjährigen, sibirischen und winterharten *Artemisia dracunculus inodora,* der ausgesät wird, und den geschmacksintensiven, französischen *Artemisia dracunculus sativa,* der sich über Wurzeln vermehrt und ausschließlich in Gärtnereien verkauft wird. Letzterer enthält mehr *Estragol,* das für seinen appetitanregenden Anisduft verantwortlich ist.

Estragon wird vor allem in Frankreich geschätzt, wo er für Marinaden, Eierspeisen und Saucen sowie Fischgerichte verwendet wird. Die berühmte *Sauce Béarnaise,* eine *Hollandaise* mit frischem Estragon, ist das beste Beispiel dafür. Auch Senf und Remoulade werden durch ihn zur Delikatesse. Dabei ist er eines der wenigen Kräuter, deren Geschmack sich beim Erhitzen verstärkt, während er getrocknet eine eher medizinische Note annimmt. Mit Petersilie, Schnittlauch und Kerbel verbindet er sich zu einer wohlschmeckenden Mischung, die zu Recht *Fines Herbes* (feine Kräuter) genannt wird.Sie passt besonders gut zu gedünstetem Gemüse und frischem Kopfsalat.

Fenchel

Der Wettlauf *Griechenland*

Während der Perserkriege im fünften Jahrhundert vor Christus, landete die persische Flotte vor der Küste Athens und begann ein Gefecht, das viele tapfere Männer das Leben kostete. Tagelang tobte ein erbitterter Kampf auf dem Schlachtfeld von Marathon, bis schließlich die griechische Armee die Oberhand gewann. Um diese Botschaft zu überbringen, suchte man unter den Soldaten nach einem guten Läufer, der die Siegesfackel nach Athen tragen sollte. Die Wahl fiel auf einen jungen Krieger namens Kimon, der keinerlei Verletzungen im Kampf erlitten hatte. Stolz nahm er die Fackel in die Hand und lief seiner Heimatstadt entgegen. Als er die Hälfte des Weges hinter sich gelassen hatte, kam er zu einer Lichtung, wo eine Quelle in ein rundes Becken floss. „Hier werde ich meinen Durst stillen und mit neuer Kraft weiterlaufen", dachte er, ohne zu ahnen, dass ihm ein persischer Bogenschütze gefolgt war. Als Kimon sich zur Quelle beugte, traf ihn dessen Pfeil und er sank tödlich verletzt zu Boden. Da teilte sich das Wasser und eine schöne Nymphe, die schützend über die Quelle wachte, stieg daraus hervor. Sie nahm Kimon liebevoll in ihre Arme und sprach: „Hab keine Furcht, ich bin Makaria und begleite die Sterbenden zu den Ufern des Jenseits." Schon wollte sie ihn sanft ins Wasser des Vergessens ziehen, da stellte Kimon eine letzte Bitte. „Holde Botin des Todes, gewähre mir Aufschub. Erst muss ich meinem Volk den rettenden Sieg verkünden, dann kannst Du meine Seele in das Reich des Hades bringen", beschwor er sie. „Wer einmal die Unterwelt betreten hat, kann dem Tod nicht entgehen, junger Krieger", antwortete Makaria. „Aber weil Du auf dem Weg zu Athenas Tempel bist, will ich einen Zauber für Dich sprechen." Sie pflückte einen wilden Fenchelzweig und entzündete ein Irrlicht darin. „Dies mag von nun an Deine Fackel sein", sprach sie. „Es ist zugleich Dein Lebenslicht, zwei Stunden noch und es erlischt. Lauf und erfülle Deine Pflicht."

Kimon nahm die Zauberfackel, in der ein kaltes Feuer brannte. Er erhob sich, um seinen Weg fortzusetzen und fühlte sich seltsam verwandelt. Kein menschliches Blut schien mehr in seinen Adern zu fließen, sondern eines, das kühl wie Quellwasser war. Noch nie hatte sich seine Seele so frei gefühlt. Leicht und mühelos lief er die Hügel empor und wer ihn sah, meinte, er würde fliegen, so schnell trugen ihn seine Beine. Er war seinem Ziel schon nahe, als der Lichtschein seiner Fackel schwächer wurde. „Ich muss es schaffen!", sagte er sich und mit schier übermenschlicher Kraft verdoppelte er seine Schritte.

Es war ein Wettlauf mit dem Tod; dem Schicksal seiner Kameraden, die gerettet werden könnten, wenn rechtzeitig Hilfe nahte. Endlich erschien die Stadt im Schein der untergehenden Sonne. Er sah die Säulen der Akropolis in den Himmel ragen. Strauchelnd nahm er den Weg zum Tempelberg empor, wo die verzweifelten Einwohner sich versammelt hatten. Die Menge starrte wie gebannt auf ihn, als er mit schweren Schritten zum Altar ging, wo eine Feuerschale auf die Verkündung guter Nachrichten wartete. „Der Sieg ist unser – der Krieg ist vorbei!", rief er mit seinem letzten Atemzug. Während seine Fackel das Freudenfeuer entzündete, brachen die Menschen um ihn herum in lauten Jubel aus. Hinter Kimon aber war unbemerkt Makaria getreten. Sie deckte ihn mit ihrem schwarzen Mantel zu und ergriff die Fackel, die er mit seiner Hand umklammert hielt. Vorsichtig löschte sie die Flamme und nahm dann seine Seele mit auf ihre letzte Reise. Dort, wo Kimons Lebenslicht gebrannt hatte, erschien am Fenchelzweig ein Kranz aus goldenen Blüten, die er noch immer stolz wie eine Krone trägt.

FENCHEL heißt auf Griechisch *máratho*. Er wächst wild an den Küsten der Mittelmeerländer und gab nicht nur dem berühmten Schlachtfeld nordöstlich von Athen seinen Namen, sondern auch dem heutigen Wettkampfsport. Sein lateinischer Gattungsname *Foeniculum* bedeutet Heu und bezieht sich auf die gefiederten Blätter des wilden Fenchels, die wie vertrocknet wirken und dennoch sehr aromatisch sind. Das würzig-süße Anisaroma passt gut zu Fisch und Meeresfrüchten. Es ist ein klassisches Brotgewürz und hilft, luftgetrocknete Wurst und Schinken haltbar zu machen.

Fenchel ist ein wahres Gottesgeschenk – Gewürz, Gemüse und Heilpflanze in einem. Seine Knolle ist ein wohlschmeckendes Gemüse, das gedünstet oder roh als Salat zubereitet werden kann. Geröstete Fenchelsamen geben Currymischungen die richtige Würze und die Blüten bergen eine besondere Delikatesse: goldgelbe Fenchelpollen, „*Engelsstaub*" genannt.

Fenchelsaat ist reich an ätherischen Ölen, besonders an *Anethol* und *Fenchon*. Diese wirken schleimlösend und entkrampfend bei Husten oder Magen-Darmbeschwerden. Auch alkoholische Getränke wie Ouzo oder Pernod, die die Verdauung anregen, werden u. a. mit Fenchel hergestellt. *Tambul* nennt sich eine ayurvedische Gewürzmischung aus Fenchelsaat, Korianderkörnern und Sesam, die leicht in einer Pfanne ohne Fett angeröstet und mit Salz oder Zucker bestreut werden. In Indien wird sie nach dem Essen gereicht, um den Atem frisch zu machen.

Ingwer

Das Goldene Horn *Philippinen*

Auf dem Gipfel des Vulkans Makiling wachte einst die Göttin Diwata darüber, dass alle Pflanzen und Tiere ein friedliches Dasein hatten. Die Menschen zollten ihr großen Respekt, denn wenn man ihr Missfallen erregte, konnte sie ein Feuer entzünden und die heißen Quellen zum Überlaufen bringen. Obwohl die Jagd in den Wäldern des Makiling verboten war, folgte einst ein junger Mann der Fährte einer Hirschkuh bis weit in die Berge hinein. Er wusste, dass er auf heiligem Boden kein Tier erlegen durfte, doch sein Vater war krank und die Geschwister hatten schon so lange gehungert, dass er bereit war, das Gebot zu übertreten. Als er auf die Hirschkuh zielte, ahnte er nicht, dass Diwata ihn von der Spitze des Berges beobachtete.

Blitzschnell schoss sie herab, um das unschuldige Tier zu retten, aber der Pfeil hatte die Hirschkuh bereits getroffen. Da packte sie den Übeltäter, um ihn in ihrem heißen Schwefelbad zu versenken. „Nur die Not hat mich dazu getrieben", schluchzte der Junge. „Wenn ich ohne Beute heimkomme, werden mein Vater und meine Geschwister vor Hunger sterben." „Sieh her, die Hirschkuh hatte vier Kitze, die ohne ihre Mutter verenden werden. Hast Du das gewollt?", sprach die Göttin streng und zeigte auf die Jungtiere. Reumütig schüttelte er den Kopf und warf sich vor ihre Füße. „Nimm mein Leben, aber rette meine Familie." Die Verzweiflung des Jungen rührte Diwatas Herz. „Ich mache Dir einen Vorschlag: Du kümmerst Dich um die Kitze, bis sie groß genug sind, und ich werde mich um Deine Familie kümmern." So geschah es. Ein ganzes Jahr lang lebte der Junge im Wald und sorgte für die Tiere.

Unterdessen fand seine Familie jeden Morgen ein Körbchen voller Wurzeln und Früchte vor ihrer Hütte, so dass sie genug zu essen hatten. Als der Tag kam, an dem die Berggöttin den Jungen freigeben wollte, rief sie ihn zu sich und sagte: „Nun hast Du Deine Schuld beglichen und ich will Dir etwas geben, das Dir Wohlstand und ein langes Leben schenken wird. Doch erzähle

niemandem, wo Du die Zeit über gewesen bist." Damit gab sie dem Jungen ein kleines goldenes Hirschhorn und schickte ihn zu seiner Familie zurück.

In seinem Dorf staunten die Menschen über den Heimkehrer. Der Vater war wieder bei Kräften und umarmte ihn glücklich. Nur die Schwestern wollten ganz genau wissen, was sich in dem Jahr zugetragen hatte. Doch der Junge wich ihren Fragen aus und beteuerte, sich an nichts erinnern zu können. Da bedrängten sie ihn nicht länger, aber die älteste Schwester wollte sich damit nicht zufriedengeben und durchsuchte heimlich seine Sachen. In einer

Jackentasche fand sie etwas, das ihr verdächtig vorkam. Sie langte vorsichtig hinein und entdeckte einen Klumpen Gold, der hell in der Sonne glänzte. Triumphierend hielt sie das goldene Horn in die Höhe und rief: „Schaut, was mein Bruder vom Berg Makiling mitgebracht hat!" „Das darfst Du nicht, ich habe der Göttin gelobt zu schweigen", sagte der Junge, aber es war zu spät.

Im Nu hatte sich das Gerücht vom kostbaren Fund verbreitet und alle Dorfbewohner waren mit Spaten und Hacken aufgebrochen, um auf dem heiligen Berg nach Gold zu suchen. Sie schlugen Löcher in den Boden, zertrampelten die empfindlichen Pflanzen und verjagten die scheuen Waldtiere. Der Lärm und ihr mangelnder Respekt erzürnten die Göttin aufs äußerste. Ihre Wut ließ den Vulkan auf der Bergspitze kochen und gefährliche Dämpfe ausspucken, so dass die Bauern keine Hand mehr vor Augen sehen konnten. Während sie hilflos wie Ameisen umherirrten, stieg Diwata aus dem Nebel herab. „Ihr Sterblichen seid meine Geschenke nicht wert. Selbstsüchtig zerstört Ihr die Natur, nur um Euch zu bereichern. Für dieses Gold sollt Ihr in Zukunft in der Erde wühlen wie die Tiere!" Mit diesen Worten warf sie eine Handvoll Goldklumpen in die Menschenmenge. Gierig versuchten alle, das kostbare Metall zu schnappen. Doch bei der Berührung mit ihren unreinen Händen, verschwand der Glanz und es wurden erdverkrustete Wurzelknollen daraus. Die Göttin hüllte sich in ihren Mantel aus Nebel und ward nie mehr gesehen. Man sagt, sie verbirgt ihre Schätze im Inneren des Vulkans, der manchmal gelbliche Rauchwolken ausstößt. Ihr Geschenk, der goldgelbe Ingwer, wächst seitdem tief in der Erde und steckt noch immer voller wundersamer Kräfte, die ein langes Leben verleihen.

Der botanische Name des INGWERS *(Zingiber officinalis)* stammt vom Sanskritwort für Horn: *Singavera,* denn der Wurzelstock des Ingwers sieht wie ein kleines Geweih aus. Die Kulturgeschichte des Ingwers lässt sich bis über 6.000 Jahre zurückverfolgen, bis zu den entlegenen Philippinen; es ist möglicherweise das älteste Gewürz der Welt. Die Ureinwohner der Inselgruppen Südostasiens waren großartige Seefahrer. Sie unternahmen mit ihren Langbooten weite Reisen und waren dabei mit Ingwer ausgestattet, um sich vor Seekrankheit und Skorbut zu schützen. Überall, wo sie anlegten, pflanzten sie die überlebenswichtige Wurzel in die Erde und machten sie so in ganz Asien heimisch. Ingwer vermehrt sich unterirdisch über sogenannte Rhizome. Aus ihnen sprießen schilfartige Blätter und ihr kräftiger Blütentrieb mit einer Vielzahl einzelner Kelche, die wie Orchideen aussehen. Obwohl alle Pflanzenteile essbar sind, wird nur der Wurzelstock geerntet. In ihm stecken die wichtigsten Inhaltsstoffe: die *Gingerole,* die Schmerzen und Entzündungen lindern. Da Ingwer die Fähigkeit besitzt, Schwefelverbindungen zu lösen, sorgt er außerdem für frischen Atem, selbst bei penetrantem Kohl- oder Knoblauchgeruch. Über weite Handelswege gelangte die kostbare Wurzel von China nach Indien und später über das Rote Meer nach Griechenland und Rom. In Europa wurde sie zunächst nur mit Zucker kandiert oder getrocknet angeboten. Als Pulver ist Ingwer z. B. wichtiger Bestandteil von Currymischungen und Lebkuchengewürz. Frischer Ingwer ist heute überall erhältlich. Man kann Saft daraus pressen, ihn über Salate raspeln oder wie in Japan mit Reisessig mariniert als Sushibeilage reichen. Beim Braten oder Kochen reduziert sich seine Schärfe etwas und macht einem herzhaft-pikanten Aroma Platz. Auch als Erfrischungsgetränk erlangte Ingwer Berühmtheit: Der deutsche Juwelier Jacob Schweppe erfand 1783 in seiner Londoner Fabrik die erste Sodalimonade *Schweppes Ginger Ale.* Das Ur-Rezept lässt sich leicht nachvollziehen, indem man einen Sirup aus Ingwer und Rohrzucker kocht und ihn mit eisgekühltem Mineralwasser aufgießt.

Koriander

Die Rabenbraut *Portugal*

Am lusitanischen Hof wartete man lange vergeblich auf einen Thronfolger. Als die Königin aber statt eines Kindes einen Raben so schwarz wie die Nacht gebar, herrschte großer Aufruhr. Die Ratgeber verlangten, ihn zu töten, doch die Königin befahl, den Raben am Leben zu lassen, denn er konnte sprechen und benahm sich wie ein menschliches Wesen. Als der Rabe ausgewachsen war, bat er seine Mutter, ihm eine Frau zu suchen. Die Königin fragte alle Adelsfamilien mit heiratsfähigen Töchtern, doch keine davon wollte den Raben zum Mann nehmen. Da bestimmte sie die Tochter ihrer Kammerzofe zur Ehefrau des Rabenprinzen. Nach der Hochzeitsfeier begab sich der Rabe mit ihr ins Schlafgemach, doch als die Braut sein Gefieder rascheln hörte, stürzte sie sich vor Angst aus dem Fenster. Am nächsten Tag verlangte der Rabe wieder nach einer Braut. Die Königin fand nun auch keine Dienstmagd mehr, die ihre Tochter freiwillig dem Raben gegeben hätte. Da hörte sie, dass beim Gesinde ein Waisenmädchen arbeitete, alt genug, um vermählt zu werden. Sie ließ es in ein Brautkleid stecken, um es noch am selben Tag mit dem gefiederten Prinzen zu trauen. Als die Nacht gekommen war, legte sich das Mädchen tapfer ins Schlafgemach, um den Raben zu erwarten. „Ich will das Licht löschen, damit ich mich nicht noch mehr ängstige", sagte sie sich. Mit einem Rascheln trat der Prinz herein und legte sich neben sie. Das Federkleid des Prinzen fühlte sich erstaunlich glatt und warm an und als er eingeschlafen war, beschloss sie eine Kerze anzuzünden, um ihren Gemahl zu betrachten. Doch statt eines Raben lag ein schöner junger Mann in ihrem Bett. Da wurde sie unachtsam und Wachs tropfte auf die nackte Haut des Prinzen. Als er davon erwachte und sah, dass sein Geheimnis entdeckt war, sprach er traurig: „Ich Unglücklicher, schon beim ersten Sonnenstrahl wäre ich erlöst gewesen. Jetzt gehört meine Seele dem Zauberer Zarastro und nur Deine Liebe kann mich befreien." Mit diesen Worten flog er als Rabe durch das

Fenster davon. Das Mädchen war untröstlich und wollte alles tun, um ihren Mann zurückzugewinnen. Sie band sich ihre alte Schürze um und verließ vor Morgengrauen den Palast. Viele Tage durchquerte sie das Land auf der Suche nach dem Zauberer, doch überall, wo sie nach ihm fragte, bekreuzigten sich die Menschen und schlossen ihre Türen. An einem Fluss fand sie eine alte Frau, die einen Berg schwarzer Wäsche wusch. „Warum wäschst Du so viel Trauerkleidung?", fragte das Mädchen. „Das sind die Kleider der Frauen, die ihre Männer an Zarastro, den bösen Zauberer verloren haben. Wenn Du es schaffst, sie mir weiß zu waschen, will ich Dir den Weg zu seinem Versteck zeigen", sagte die Wäscherin und überließ ihr ihren Platz. Das Mädchen stieg ins Wasser und begann, die Kleider im steinigen Flussbett zu waschen. Doch so sehr sie sich auch bemühte, die dunkle Farbe wollte nicht weichen. Da weinte das Mädchen verzweifelt und die Tränen, die auf die Kleider fielen, färbten sie blütenweiß. „Du hast die Probe bestanden", sprach die Alte, als sie wiederkehrte. „Dein Herz ist rein genug, um Zarastro zu besiegen. Dort, wo dieser Fluss entspringt, findest Du den Turm der schwarzen Raben. Doch ich will Dir noch ein Zauberkraut aus meinem Garten schenken", und sie gab dem Mädchen einen Zweig mit weißen Blüten und braunen Kugelfrüchten. „Immer wenn Du in Not bist, sprich *Kišniš hilf* und das Kraut wird Dir zu Hilfe sein." Das Mädchen dankte und begab sich flussaufwärts. Als sie sich dem Turm näherte, kam ihr ein schwarzer Hund entgegen, der das Tor bewachte und gefährlich knurrte. „Kišniš hilf!", flüsterte sie und streckte ihm das Kraut entgegen. Da umgab sie ein betäubend süßer Duft, der den Hund zahm machte und ihre Hand lecken ließ. Beherzt schritt sie die Treppe des Turms empor. Oben erwartete sie eine dunkle Gestalt im schwarzen Umhang. „Ich bin der mächtige Zarastro. Was suchst Du in meinem Rabenhorst?", fragte er grollend. „Ich bin gekommen, meinen Gemahl zu erlösen, den Du in einen Raben verwandelt hast", sprach das tapfere Mädchen. Zarastro lachte höhnisch und zeigte auf einen Käfig voll schwarzer Raben. „Such Dir Dein Vögelchen aus!" Es waren an die hundert Vögel, die sich auf die Feder genau glichen. „Doch wenn Du versagst, werden Dich meine Raben fressen. Sie sind schon an Menschenfleisch gewöhnt." Das Mädchen aber nahm die weiße Blume und sprach „Kišniš hilf!". Da sprangen die kleinen braunen Kügelchen von der Pflanze über den Boden. Hungrig stürzten sich die Raben darauf, nur der verzauberte Königssohn blieb sitzen. „Das ist mein Gemahl", sagte das Mädchen mit fester Stimme. Da begann unter Blitz und Donner der schreckliche Zarastro auf Wanzengröße zu schrumpfen, bis er von seinen Raben gefressen wurde. Der Bann war gebrochen und der Königssohn schloss seine Frau in menschlicher Gestalt in die Arme. Er dankte ihr von Herzen für ihren Mut und ihre Tapferkeit. Gemeinsam kehrten sie ins Königreich zurück, wo sie glücklich und weise regierten und so viele Kinder bekamen, wie der Koriander Samenkörner hat. Das Brot, das an Feiertagen dort gebacken wird, duftet noch immer köstlich nach der Zauberblume *Kišniš*, die in Lusitanien, dem heutigen Portugal, Coentro genannt wird.

KORIANDER *(Coriandrum sativum)* bedeutet auf Griechisch *Wanzendill*: sein seifenartiger Blattgeruch soll Ungeziefer vertreiben. In den Samen steckt ein ätherisches Öl, das Keime abtötet und bereits im alten Ägypten bekannt war. Es wird noch heute zum Konservieren von Kosmetik eingesetzt. Koriander stammt aus dem Orient und kam mit den Griechen nach Europa, wo er in der römischen Küche als Festtagsgewürz galt. Mit dem Niedergang des Römischen Reiches verlor Koriander an Bedeutung. Nur im arabisch geprägten Portugal und Spanien wurde er weiter benutzt. Von dort gelangte er auf dem Seeweg nach Südamerika und Asien. Seine Blätter ähneln der Petersilie, sind aber bei uns weniger beliebt, da etwa ein Fünftel der Nordeuropäer eine genetisch bedingte Abneigung gegen Koriander besitzt. In Mexiko oder Vietnam werden die Blätter dagegen wie Salat verzehrt. Ihre leichte Zitrusnote verleiht vielen Dips und Saucen wie *Guacamole* oder kanarischer *Mojo verde* einen exotischen Touch. In Thailand verwendet man sogar die aromatischen Wurzeln, um daraus die berühmte grüne *Currypaste* herzustellen oder einen Fond zu kochen. Völlig anders schmecken die Samen, auf Persisch *Kišniš* (Schatzkugeln) genannt: Sie runden Gewürzmischungen geheimnisvoll ab, ohne sie zu dominieren. Ihr warmes, erdiges Aroma ist unverzichtbar bei der Zubereitung von Brot, Pasteten und Currygerichten. Als ayurvedisches Mittel gegen entzündliche Gelenkerkrankungen hilft nachweislich eine Mischung aus gemahlenem Koriander, Kreuzkümmel und Muskatnuss. Das ungewöhnlichste Rezept für Koriander-Fans ist gehacktes Koriandergrün mit Pistazien und Zitronat, das perfekt zu Vanilleeis oder Himbeeren passt.

Lorbeer

Der Liebeszauber *Armenien*

Es herrschte einst im Land der Assyrer eine Königin, Šamiram genannt, die so strahlend und klug war, dass die Welt ihr zu Füßen lag. Sie war bekannt für ihre Schönheit und auf dem Schlachtfeld war ihr Kampfesmut dem eines Mannes ebenbürtig. So war es, als der König starb, nicht verwunderlich, dass sie verkündete, von nun an ihre Macht alleine auszuüben. Um den Bund mit ihren Lehnsherren zu erneuern, begab sie sich auf Reisen in alle Fürstentümer und deren Herrscher schworen ihr erneut die Treue. Nur im Norden traf sie auf das stolze Volk der Armenier, die ihre Regentschaft nicht anerkennen wollten. Prinz Ara ließ ihre Gesuche um ein Treffen unerwidert und erregte so den Zorn der Königin. So ritt sie selbst mit ihrer Garde vor Aras Hof und verlangte, ihn zu sprechen. Als sie ihm schließlich gegenüberstand, war sie geblendet von seiner stattlichen Erscheinung. Nun wusste sie, warum er den Beinamen „der Schöne" hatte: Sein rabenschwarzes Haar und seine Augen, blau wie das Meer, entflammten ihr Begehren so sehr, dass sie ihm anbot, ihn zu ihrem Ehemann und zum König ihres Reichs zu machen. Als Erwiderung fiel sein kühler Blick auf Šamiram. „Ich kenne nur eine Liebe, die zu meinem Land Armenien. Ihm gilt meine Treue bis zum Tod!", sprach stolz der schöne Prinz und lehnte ihren Vorschlag ab. Bitter gedemütigt antwortete Šamiram: „Dann zieht für diese Liebe in den Krieg, edler Prinz. Ab jetzt sind unsere Völker Feinde." Sie kehrte zurück in ihre Burg am Fluss Orontes und rief ihre Truppen zu sich. „Morgen beginnt der Kampf und ich will siegreich sein. Den Prinzen jedoch bringt lebend zu mir, als Gefangenen." Am nächsten Tag begann die Schlacht. Der armenische Prinz kämpfte tapfer, doch er wurde von den königlichen Soldaten umzingelt und gefangen genommen. Die Königin ließ ihn gefesselt zum Tempel nach Daphne bringen, wo sie das Orakel um Rat bitten wollte. Hier, umgeben von Wasserfällen und dichten Lorbeerwäldern, wurde Anat, die Göttin des Krieges und der Liebe verehrt. Am Eingang tauchte Šamiram wie es der Brauch forderte einen Lorbeerzweig in den Orakelbrunnen, der von feuchtem Nebel umhüllt war. Dann wurde sie ins Innere des Heiligtums gebeten. Dort stand die Marmorstatue der Göttin mit einer silbernen Mondsichel auf dem Haupt. Sie war so schön und ehrfurchtgebietend, dass Šamiram die Knie beugte und in tiefe Andacht versank. Erst die Worte der Priesterin erweckten sie daraus. „Ich grüße Dich, meine Tochter. Was führt Dich zu uns?", fragte sie. „Ehrwürdige Meisterin, könnt Ihr einen Liebeszauber für mich erwirken? Es handelt sich um den Gefangenen in meiner Begleitung", entgegnete Šamiram. Die Priesterin dachte lange nach und antwortete: „Es gibt einen Zauber, doch wir wissen nicht, ob er von Dauer ist. Bedenke, ob Du Gebrauch davon machen willst." „Und wenn es nur für eine Nacht wäre, ich will es ausprobieren", antwortete die Königin entschlossen. Die Priesterin führte sie vor den Altar, wo sie ihre Gebete sprechen konnte, und nahm den Prinzen in ihre Obhut. „Wir werden ihn für das Ritual vorbereiten. Er wird in einen tiefen Schlaf fallen. Wenn er erwacht, wird er keinerlei Erinnerung an das Gewesene besitzen." sprach sie und verschwand. Die Königin wartete, bis der Mond hoch über dem Tempeldach erstrahlte, dann wurde sie endlich gerufen und in einen Raum gebracht, wo der Prinz auf seidenen Kissen lag. Seine Haut glänzte ölgesalbt und die Kammer war erfüllt vom harzigen Duft verbrannten Lorbeers. Mit klopfendem Herzen ging sie zu ihm und strich ihm das schwarze Haar aus der Stirn. Der Prinz erwachte und schaute sie verwundert an. „Wo bin ich?", fragte er. „Und wer bist Du, schöne Frau?" „Du bist im Kampf gefallen und im Paradies auferstanden", flüsterte Šamiram, erfreut, dass der Prinz sie nicht wiedererkannte. „Genieße nun die Wonnen des Jenseits, mein Held." Sie legte sich zu ihm und es wurde eine Nacht voll von unendlicher Süße und Zärtlichkeit. Erst im Morgengrauen, nachdem sie sich gegenseitig zum hundertsten Mal ihre Liebe versichert hatten, schliefen sie engumschlungen ein. Als Šamiram erwachte, stand die Sonne schon hoch am Himmel. In vollkommenem Glück beugte sie sich zu ihrem Geliebten, um ihn wach zu küssen. Doch ihre Lippen berührten nur kalten Marmor. Der schöne Prinz war von Kopf bis Fuß zu Stein geworden, wie die Statue der Liebesgöttin. Entsetzt erkannte die Königin, welch grausames Opfer der Zauber gefordert hatte. Sie ließ die Marmorstatue auf einen prunkvollen Sockel stellen und krönte den steinernen Prinzen mit einem Lorbeerkranz. Dann ließ sie die Armeen beider Länder zu sich rufen und sprach: „Seht, hier steht Ara, der zum Himmel aufgestiegen und ein Gott geworden ist. An dieser Stelle werde ich ihm zu Ehren einen neuen Tempel bauen. Ewiger Friede soll von nun an zwischen unseren Völkern herrschen." Und sie vereinte beide Länder zu einem großen Reich, das sie noch lange regierte. Den Bund der Ehe ging sie mit keinem anderen Mann mehr ein. Aber es heißt, dass jeder Liebhaber, der die Nacht an ihrer Seite verbrachte, den nächsten Morgen nicht erleben durfte.

Der Lorbeerhain von Daphne liegt in der heutigen Türkei und ist ein beliebtes Ausflugsziel. Da er zugleich als Heimat einer Nymphe galt, die in einen Baum verwandelt wurde, heißt der LORBEER im gesamten griechisch-osmanischen Sprachraum nach diesem Ort. Die lateinische Gattungsbezeichnung *Laurus* bezieht sich auf Lob und Ehre, die mit einem Lorbeerkranz verliehen wurden. Immergrüne Lorbeerwälder sind geheimnisvolle Orte, die wie der Regenwald ein eigenes Mikroklima besitzen. Als Gewürz ist neben dem Echten Lorbeer *(Laurus nobilis)*, nur noch der Indische Lorbeer *(Cinnamomum tamala)* verwendbar. Andere Lorbeerarten wurden für Räuchermischungen oder als Droge mit halluzinogener, aber oft auch tödlicher Wirkung genutzt. Äußerlich angewendet ist Lorbeerextrakt ein wirksames Mittel gegen rheumatische Beschwerden. Seine ätherischen Öle Eucalyptol und Eugenol lindern Schmerzen und sind gleichzeitig durchblutungsfördernd. Lorbeerfrüchte, die wie kleine Oliven aussehen, ergeben ein butterartiges grünes Öl, das zur Herstellung von Salben und Seifen, wie der berühmten Aleppo-Seife, verwendet wird. In Nordeuropa nutzt man die antibakterielle Wirkung von Lorbeerblättern zum Konservieren von Fleisch oder Fisch in Essigmarinaden oder zum Einkochen von Sülze. Auch beim Räuchern entfaltet sich sein herzhaftes Aroma. Wer einen Echten Gewürzlorbeer im Garten hat, kann seine Zweige als Grillspieße benutzen. Diese Spezialität der Insel Madeira macht das Fleisch besonders zart und verleiht ihm eine unnachahmliche Würze.

Minze

Die Doppelgängerin *Griechenland*

Die Fruchtbarkeitsgöttin Demeter hatte mit dem Göttervater Zeus eine Tochter, die sie über alles liebte. Sie hieß Persephone und war so schön und blühend, dass Zeus' Bruder Hades, Herrscher über die Unterwelt, sie zur Frau begehrte. Als Hades um ihre Hand anhielt, bat Zeus sich Bedenkzeit aus, denn er wusste, dass Demeter ihre geliebte Tochter niemals ziehen lassen würde. Hades war kein Freund von langem Warten und als er Persephone allein begegnete, entführte er sie gewaltsam in sein dunkles Reich. Die Tat war zwar rasch und heimlich ausgeführt, doch Helios, dem Sonnengott, blieb sie nicht verborgen. Als er Demeter davon berichtete, war ihr Kummer so groß, dass alle Pflanzen mit ihr trauerten und starben. Es wurde Winter auf der Erde und unter den Menschen brach eine große Hungersnot aus. Da hatte Zeus genug vom Zwist um seine Tochter und schickte Hermes, den Götterboten, um sie aus der Unterwelt zurückzuholen. Reumütig geleitete Hades das geraubte Mädchen zum Tor und bat sie um des Friedens Willen, einen Granatapfel mit ihm zu teilen. Persephone nahm ihm zu Gefallen vier der Kerne und machte sich mit Hermes auf den Weg zum Götterhimmel. Glücklich wurde sie von Demeter erwartet. Sie umarmte ihre Tochter und fragte: „Hast Du vom dunklen Wasser getrunken oder die Speisen der Unterwelt gegessen?" „Nein Mutter, nur vier Granatapfelkerne habe ich aus Höflichkeit zu mir genommen", antwortete sie. „Du unglückliches Kind bist durch die Schläue dieses Räubers nun doch an ihn gebunden", klagte Demeter. Denn für jeden Granatapfelkern musste ihre Tochter einen Monat des Jahres bei Hades bleiben. Als Persephone das vernahm, war sie verzweifelt. „Was soll ich nur tun, ich kann ihn nicht lieben, er ist mir zuwider." Ihre Mutter aber ersann eine List. „Ich will unter den Dienerinnen eine suchen, die Dir an Größe und Gestalt gleicht. Sie wird statt Deiner das Lager mit ihm teilen." Sie ließ alle jungen Frauen zu sich kommen und fand ein Mädchen namens Minthe, die Persephone ähnlich war. „Du hast die Ehre, meine Tochter zu begleiten", sagte sie „Damit Du unbeschadet in der Unterwelt verweilen kannst, nimm diese Salbe und bestreich damit die Haut; sie wird Dir Unsterblichkeit verleihen", und sie gab ihr einen Tiegel mit einer duftenden Paste. Dann ging sie zu ihrer Tochter und hieß sie ebenfalls die Salbe auftragen. „Wenn Hades in der Nacht nach Dir verlangt, lass ihn zur Wahrung Deiner Keuschheit das Licht löschen und tausch den Platz mit Deiner Dienerin. Er wird denselben Duft wahrnehmen und den Betrug nicht merken." So war der Plan beschlossen. Demeter verkündete, von nun an alles Irdische unfruchtbar zu machen, bis ihre Tochter wieder zurückkehrte. Dann verabschiedete sie sich schweren Herzens von ihr und bedeckte die Erde mit Schnee. Persephone und ihre Dienerin machten sich auf die weite Reise in das Reich der Dunkelheit, wo sie von Hades sehnsüchtig erwartet wurden. In der Hochzeitsnacht, als er endlich das Brautlager mit seiner Frau teilen wollte, entzog sich Persephone seiner Umarmung und bat. „Gebt mir erst einen Schluck Wein und löscht das Licht, damit ich meine Scham überwinden kann." Frohlockend erfüllte ihr Hades die Bitte und während er den Wein für sie holte, musste Minthe ihren Platz einnehmen. Am nächsten Morgen, während er noch schlief, legte sich Persephone wieder zu ihm, als wäre sie die ganze Nacht über dort gewesen. Mit dieser List täuschte sie ihn drei Monate lang, doch all-

mählich gewöhnte sie sich an die Nähe ihres Mannes. Während dieser Zeit fand auch Minthe immer mehr Gefallen an den nächtlichen Umarmungen. Als der Abschied nahte, beschloss Minthe: „Ich werde bleiben und unserem Herrn die Wahrheit sagen. Er selbst soll wählen, wer von uns beiden künftig bei ihm liegen soll." Da erkannte Persephone, dass sie sich selbst betrogen hatte, und heiße Eifersucht entflammte ihr Gemüt. „Wie kannst Du wagen, so mit mir zu sprechen. Zur Strafe sollst Du für immer im Erdreich versinken!" Sie stampfte mit dem Fuß auf, dass die Erde bebte und die unerwünschte Nebenbuhlerin unter sich begrub. Nur kurz währte Persephones Triumph, dann sah sie, wie der Boden sich teilte und Minthe unversehrt wieder zum Vorschein kam. Sie hatte nicht bedacht, dass die geheimnisvolle Salbe ihr Unsterblichkeit verliehen hatte. Schnell wob sie einen neuen Zauberspruch „Grün wie ein Frosch und stumm wie ein Fisch sollst Du sein und niemals mehr den Boden verlassen auf dem Du stehst." Da begannen Minthes Hände und ihr Haar sich in Blättern zu verwandeln; ihre Füße wurden Wurzeln, die tief in der Erde hafteten. Ein stummer Schrei entfuhr ihrem Mund und wurde zu einem scharfen Lufthauch. Die Verwandlung war geschehen. Minthe erhob sich als Pflanze aus der Erde. Bis heute versucht sie Persephones Zauber zu trotzen, sich mit ihren Wurzeln fortzubewegen und mit duftender Stimme zu sprechen. Doch wer ihre Kräfte weise zu nutzen versteht, dem schenkt sie einen Teil ihrer Unsterblichkeit.

Hartnäckig wie ein Unkraut wächst MINZE überall dort, wo sie Wasser findet, vor allem auf der Nordhalbkugel der Erde. Man muss ihr im Garten Einhalt gebieten oder sie in Töpfe pflanzen, denn sie geht gerne auf unterirdische Wanderschaft. In fast allen Sprachen hat sich der Pflanzenname aus der griechischen Sage erhalten. Auch der Brauch, Minze in den Brautstrauß zu binden, geht darauf zurück. Die Gattung der Minzen, lateinisch *Mentha*, ist zahlreich: *Pfefferminze, Krauseminze, Apfelminze, Spearmint* oder die arabische *Nanaminze,* aus der man einen erfrischenden Tee zubereitet, sind nur einige davon. Ebenso vielfältig ist die Verwendung der Pflanze. Um die Wirkungen des Weins zu mildern, trugen die Römer Minzkränze auf dem Kopf, sie stellten auch mundreinigende Pasten daraus her. Im Mittelalter galt Minze als Mittel gegen Seuchen und Plagen aller Art. Während der Inquisition wurde mit *Hierbabuena,* dem „guten Kraut" wie es auf Spanisch heißt, der Teufel vertrieben. Viele ihrer Inhaltsstoffe wie das Pfefferminzöl und das daraus extrahierte *Menthol* sind noch heute wichtig für die Pharmazie. In der Küche wird Minze meist frisch verwendet. Während sie in arabischen und asiatischen Ländern mit Petersilie, Basilikum oder Koriander kombiniert wird, stehen in Europa eher süße Speisen wie Eiscreme, Likör und Konfekt im Vordergrund. Ein Klassiker ist die englische *Minzsauce:* Sie wird aus frisch gehackter Krauseminze mit Weißweinessig, etwas Zitronensaft, Zucker und Salz sowie ein paar Esslöffeln kochenden Wassers zubereitet – mit Knoblauch, Pfeffer und Olivenöl bekommt sie einen etwas herzhafteren Geschmack.

Muskat

Die Sternschnuppe *Indonesien*

Nachdem die Urmutter das Meer erschaffen hatte, knetete sie etwas Lehm, warf ihn ins Wasser und so entstanden die Banda-Inseln. Die restlichen Krümel, die noch übrig waren, streute sie darüber. Wo sie aufs Land fielen, gab es Menschen und Tiere, wo sie ins Wasser fielen, wurden Fische daraus. So mussten die Menschen vom Fischfang leben, denn es gab noch keine Bäume. Auch Kadak war ein Fischer. Er hatte den besten Fang, wenn der Mond aufs Wasser schien und die Fische bis ans Ufer geschwommen kamen. Als er in einer Vollmondnacht am Strand unterwegs war, sah er neben sich ein paar Sternschnuppen vom Himmel fallen. Aus den Sternschnuppen wurden zierliche Frauengestalten, die ihre Sarongs auf einen Felsen legten und ins Wasser sprangen. Kadak nahm eines der Tücher und bewunderte das kompli-zierte Sternenmuster, das wie der Nachthimmel glitzerte. Da bemerkten ihn die Mädchen. Schnell verhüllten sie sich wieder und flogen davon. Nur eine blieb im Meer zurück und suchte verzweifelt ihr Tuch, ohne das sie nicht fliegen konnte. Kadak versteckte es in einer großen Herzmuschel und versiegelte die Öffnung mit Sand. Dann ging er zu dem scheuen Mädchen. „Hab keine Angst", sagte er. „Du kannst bei mir bleiben." Er nahm sie mit nach Hause und nannte sie Bintang, seinen Stern. Bald wurden sie Mann und Frau und liebten einander. Doch immer, wenn nachts der Mond schien, ging Bintang hinaus und schaute sehnsüchtig zum Sternenhimmel, um ihre Schwestern zu suchen. Die Tränen, die sie dabei weinte, verbarg sie heimlich in der Erde. Doch weil ein Teil ihrer Seele darin steckte, wurden sie lebendig – mal zu einer Blume, mal zu einem Baum, bis die ganze Insel ein dichter Dschungel war. Kadak sah, wie sich alles veränderte. Er liebte seine Sternschnuppe und wollte sie um keinen Preis wieder fortlassen, aber ihr Kummer bedrückte ihn. „Vielleicht hilft es, wenn ich ihr einen schönen Sarong als Ersatz für ihr Sternentuch schenke", dachte er. Da es nun Früchte im Überfluss gab, wollte er auf die Nachbarinsel fahren und sie gegen ein Stück Stoff eintauschen. Er machte sein Boot bereit und sagte zu Bintang: „Ich bin so schnell wie möglich zurück. Sei nicht traurig, ich werde Dir etwas Schönes mitbringen, dass Dich Deinen Kummer vergessen lässt." Dann küsste er sie zum Abschied und fuhr, beladen mit seiner Fracht, aufs Meer hinaus. Bintang fühlte sich noch einsamer als zuvor. Am Abend nahm sie ein Bad im Meer und betrachtete lange den Mond. Plötzlich bewegte sich etwas am Himmel und sie erkannte die glitzernden Kleider der Sternschnuppen, die zu ihr geflogen kamen. Es war ein glückliches Wiedersehen. Bintang und ihre Schwestern konnten sich nicht genug versichern, wie sehr sie einander gefehlt hatten. „Endlich konnten wir Dich besuchen, ohne dass uns das Menschenwesen sieht. Wer weiß, wie oft das noch möglich ist. Komm mit uns zu den Sternen zurück", drängten sie beim Abschied, doch Bintang antwortete: „Ich kann mein Sternentuch nicht finden, so sehr ich es auch suche. Wie soll ich nur mit Euch fliegen?" „Schau überall nach. Morgen kommen wir ein letztes Mal

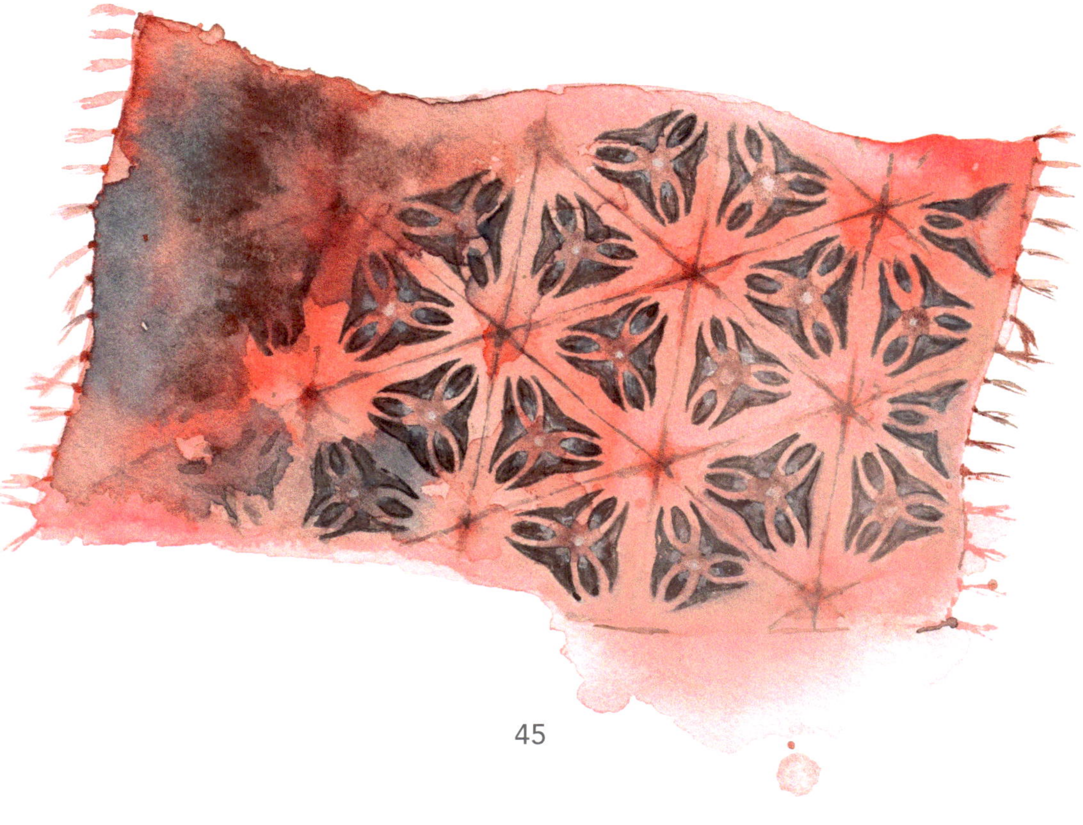

wieder“, riefen sie, während sie sich in die Lüfte erhoben. Am nächsten Tag durchsuchte Bintang die ganze Insel. Sie hob jeden Stein auf und schaute in jeden Spalt, sogar in die Nester der bunten Vögel, aber es war rein gar nichts zu finden. Als sie abends zum Strand ging, dachte sie: „Wenn ich sie schon nicht begleiten kann, will ich ihnen wenigstens Geschenke mitgeben.“ Und sie begann, ein paar besonders schöne Muscheln zu suchen. Dabei entdeckte sie die Schale der großen Herzmuschel, die mit Sand bedeckt war. Vorsichtig löste sie den Sand von der Schale und das vermisste Tuch kam darunter zum Vorschein. Es schmiegte sich eng um sie, als wäre es nie fort gewesen, und trug sie empor. Unterdessen war Kadak auf der Heimreise. Er hatte auf dem Markt alle Früchte gegen einen roten Sarong mit einem schönen Batikmuster getauscht. Nun konnte er es kaum erwarten, seine Geliebte wiederzusehen. Als er kurz vor dem Anlegen war, begriff er mit Schrecken, dass er zu spät kam. Bintang schwebte als Sternschnuppe ihren Schwestern entgegen. Verzweifelt rief er ihren Namen und bat sie, bei ihm zu bleiben. Doch sie schüttelte den Kopf. „Meine Heimat ist am Himmel. Doch ich werde Dich immer im Herzen behalten.“ Tränen rollten ihr über die Wangen, während sie sich weiter entfernte und in der Dunkelheit verschwand. Kadak sammelte ihre Tränen in dem Tuch, das er für sie gegen seine Ware eingetauscht hatte, und als er es wieder öffnete, fand er darin eine Nuss, glatt und glänzend wie ein Edelstein. Das Tuch hatte sie mit einem feinen roten Netz überzogen. So ist die Muskatnuss entstanden, die nach Moschus duftet wie die Liebe. Kadak pflanzte sie in die Erde und träumte sein Leben lang unter dem Baum, der daraus wuchs, von der Rückkehr seiner geliebten Sternschnuppe.

Allein ihr Duft soll Seefahrern den Weg zu den entlegenen Bandas im Osten Indonesiens gewiesen haben. Nur dort war die **MUSKATNUSS** heimisch und dieses Monopol führte in der Geschichte zu abenteuerlichen Preisen und kriegerischen Auseinandersetzungen. Muskat war lange das teuerste Gewürz der Welt, bevor es 1753 gelang, Pflanzen auf Mauritius anzusiedeln. Nach diesem ersten Erfolg wurden die Setzlinge auch im ostasiatischen Raum und in der Karibik kultiviert.
Der Muskatnussbaum *Myristica fragrans* ist zweigeschlechtlich, nur weibliche Bäume tragen nach acht Jahren die ersten, pfirsichartigen Früchte. Das säuerliche Fruchtfleisch wird zu Marmelade verarbeitet, als Gewürz dient der herb-süßliche Samenkern, der von einem roten, feuchtigkeitsspendenden Netz überzogen ist. Dieser weiche Samenmantel wird getrocknet und als *Muskatblüte (Macis)* verkauft. Die Macis der Banda-Inseln ist gelb-orange, die aus anderen Teilen Indonesiens orange-rot. Darunter liegt die glänzend-braune Samenschale, welche die aromatische Nuss verbirgt. Muskatnuss wird am besten frisch gerieben. Nur mindere Qualitäten kommen gemahlen in den Handel. Ein Teil der Ernte wird zu einem buttrigen Öl gepresst, um daraus Parfüm oder Medikamente herzustellen. Muskatöl wirkt desinfizierend, schmerzstillend und zugleich beruhigend. In zu hoher Dosis kann das darin enthaltene *Myristicin* jedoch giftig wirken und Halluzinationen verursachen. Ein Hauch Muskat berauscht auf angenehme Weise die Geschmacksnerven und steckt in vielen Lebensmitteln – von *Wiener Würstchen* bis zu *Coca Cola*. Er ist das Geheimnis einer guten *Béchamelsauce* und macht schlichten *Kartoffelbrei* unwiderstehlich. Damit Muskat sein Aroma entfalten kann, sollte er immer erst zum Schluss in die Gerichte gegeben und nicht lange erhitzt werden.

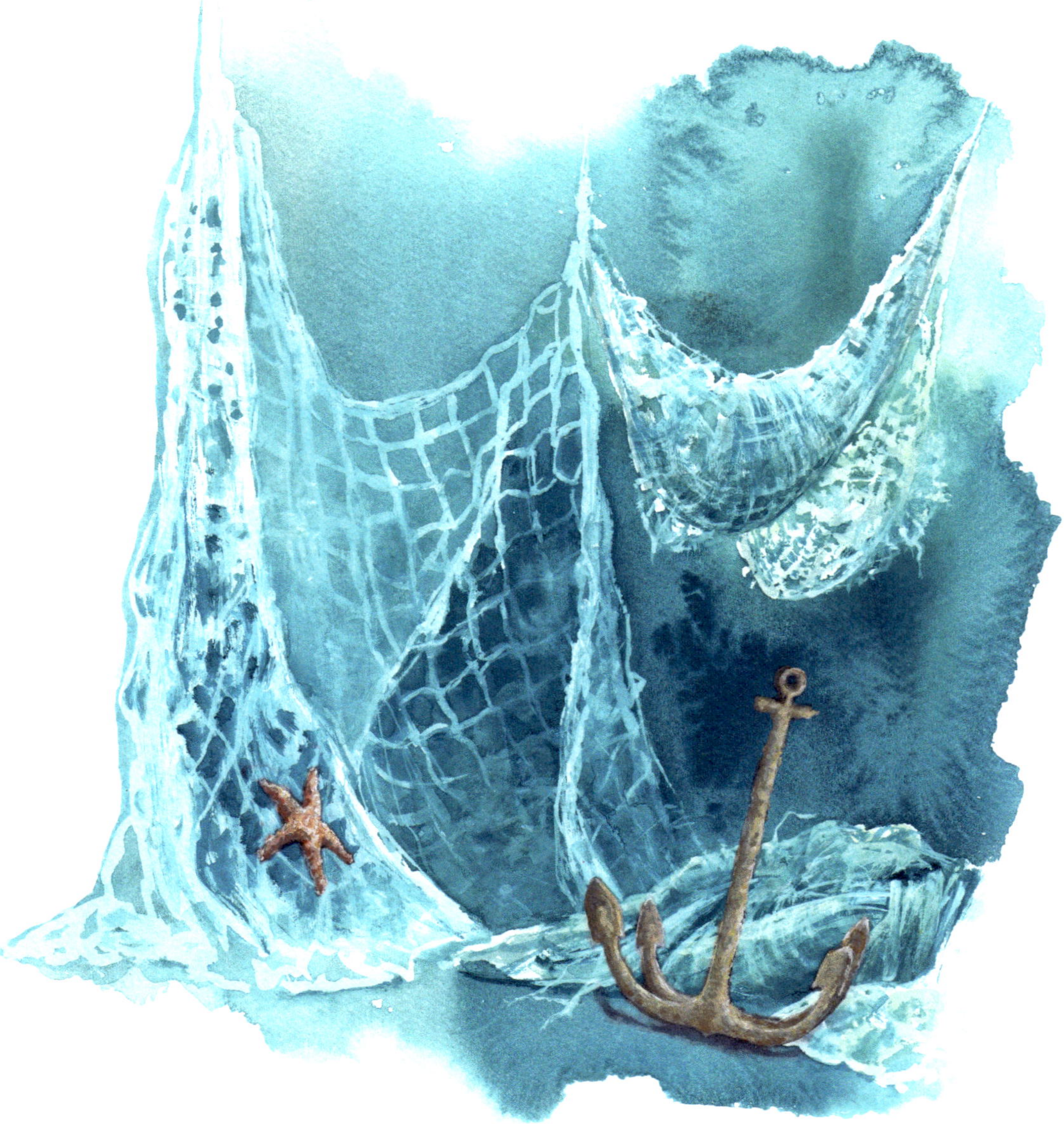

Petersilie

Petrosella *Gibraltar*

An der felsigen Küste von Gibraltar lebte einst ein Fischer mit seiner Frau, die war schwanger und sollte bald niederkommen. Auch wenn es dem Mann schwerfiel, so musste er sie doch alleine lassen und aufs weite Meer hinausfahren, denn die stürmische Winterzeit nahte und die Vorratskammern waren leer. „Lass keine Fremden über die Schwelle, während ich fort bin", mahnte er beim Abschied. Die Frau wartete viele Tage und die Zeit wurde ihr lang. Eines Morgens klopfte ein altes Weiblein an die Tür, das ihre Waren anbot. „Ich darf die Tür nicht öffnen und Geld habe ich auch keins, um etwas zu kaufen", sprach die Fischersfrau. „Wenn Du das Fenster aufmachst, so will ich Dir einen Tausch vorschlagen, Töchterchen." Da wurde die Fischersfrau neugierig und öffnete das Fenster. Draußen stand eine bucklige Alte, die ihr ein Bund Kräuter mit dicken Wurzeln durch Fenster steckte. „Nimm davon, es wird Dir schmecken und Dir die Geburt erleichtern", sagte die Fremde mit krächzender Stimme. „Aber wir sind arm und ich kann Dir nichts dafür geben", beteuerte die Fischersfrau. „Gib mir, was Dein Mann vom Boden aufhebt, wenn er zurückkehrt. Ich will in zweimal sieben Jahren wiederkommen und es mir holen", sprach die Alte und zog von dannen. Am Abend bereitete sich die schwangere Frau von den Wurzeln eine Suppe und bestreute sie mit dem grünen Kraut. Es war ein Duft darin, der ihr fast die Sinne schwinden ließ, und sie fühlte plötzlich, dass nun das Kind kommen wollte. Da nahm sie ihre ganze Kraft zusammen und brachte ganz alleine ein gesundes Mädchen zur Welt, das mit einem Flaum goldener Haare bedeckt war. Sie wickelte es in ein Tuch und legte sich erschöpft vor dem Kaminfeuer nieder. Als der Fischer heimkehrte, fand er seine Frau mit dem goldhaarigen Kind in tiefem Schlaf. Voller Freude nahm er das Neugeborene in seine Arme. Da erwachte die Frau, sah, dass ihr Mann das Kind vom Boden aufgehoben hatte und dachte sogleich an ihr Versprechen. Besorgt erzählte sie ihm, was passiert war. Der

Fischer tröstete sie und meinte, „Wer weiß, ob die alte Hexe in so vielen Jahren noch an uns denken wird. Wir wollen zum heiligen Petrus, unserem Schutzherrn, beten und unser Töchterchen Petrosella nennen." So vergingen die Jahre und das Kind wuchs zu einem schönen jungen Mädchen heran. Als der Vorabend ihres vierzehnten Geburtstags gekommen war, sagte der Fischer: „Lass mich morgen mit Petrosella aufs Meer hinausfahren. Dann kann die Kräuterfrau sie uns nicht wegnehmen." Gesagt, getan – bei Tagesanbruch bestiegen Vater und Tochter das Boot und nahmen Kurs auf eine kleine unbewohnte Insel vor der Küste. Nachdem sie eine ruhige Bucht gefunden hatten, begann der Vater damit, die Fische auszunehmen, die ihnen unterwegs in Netz gegangen waren. Währenddessen lief Petrosella am Strand entlang, um Feuerholz zu suchen. Geschickt kletterte sie in schmale Felsspalten, wo sich das Treibholz verfängt, und entdeckte dabei den Eingang zu einer geräumigen Höhle. Im Inneren saß eine runzlige, alte Frau, die ein Fischernetz knüpfte. „Guten Tag, Töchterchen", begrüßte sie die Alte. „Ich habe schon lange auf Dich gewartet. Komm, setz Dich zu mir, ich will Dir zeigen, wie Du ein Netz knüpfst, mit dem Dein Vater noch größere Fische fangen kann." Neugierig kam Petrosella näher, doch kaum hatte sie sich zu der alten Frau gesetzt, da wanden sich die Seile um ihre Knöchel und hielten sie fest. „Du warst mir einst von Deiner Mutter versprochen, nun ist es an der Zeit bei mir in die Lehre zu gehen", sprach die Hexe und riss dem Mädchen ein langes goldenes Haar aus. „Das wird Deine Seele so lange an mich binden, bis jemand kommt und das Band zerreißt." Und sie vergrub das Haar im Boden, damit niemand es finden konnte. Während all dies geschah, suchte der Vater verzweifelt nach seiner Tochter und musste schlussendlich ohne sie heimkehren, denn sie blieb spurlos verschwunden. Sieben lange Jahre vergingen, in denen Petrosella lernte, Seile zu flechten und Netze zu weben, welche die Alte an Fischersleute verkaufte. Wann immer sie Zeit hatte, ging sie zum Meer, um den Schiffen nachzuschauen und Lieder über ihr trauriges Schicksal zu singen. Eines Tages fuhr ein Kapitän mit seinem Schiff an der Küste entlang und hörte ihre einsame Stimme. Mit seinem Fernrohr hielt er nach ihr Ausschau und entdeckte Petrosella zwischen den Felsen. Augenblicklich ließ er vor Anker gehen, um nach ihr zu suchen. An Land begrüßte ihn die Alte: „Guten Tag, mein Kapitän, wollt Ihr nicht ein Zaubernetz kaufen, so fein und eng geknüpft, dass die Fische hinein, aber nicht mehr hinausschwimmen? Ich verspreche Euch großen Reichtum damit." Doch der Kapitän antwortete: „Eure Zauberei interessiert mich nicht. Hier ist ein Mädchen gefangen, so lieblich wie eine Blume, ich will sie befreien." Die Hexe sprach: „Sieh Dich um, hier gibt es keine Blumen, nur Unkraut, aber wenn Du denkst, eins davon könnte Dein Mädchen sein, dann reiß es heraus. Triffst Du die falsche Wahl, bleibst Du selbst hier und musst ihren Platz einnehmen." Die Insel aber war voll von Gestrüpp und Dornenbüschen, nur ein unscheinbares grünes Pflänzchen mit einer goldenen Blütenkrone versteckte sich zwischen den Felsen. „Das ist es", sagte der Kapitän und zog die Pflanze mitsamt der Wurzel heraus. In diesem Moment rissen die Zauberbande, die Petrosella festgehalten hatten. Endlich konnte sie die Insel verlassen und mit dem Kapitän nach Hause zurückkehren, wo sie Hochzeit hielten und viele Kinder bekamen. Das segensreiche Kraut hatten sie mitgenommen und streuten es seitdem auf jedes Essen als Schutz vor Spuk und Hexerei.

Woher die PETERSILIE *(Petroselinum crispum)* tatsächlich stammt, ist noch immer nicht geklärt. Eine Spur legt nahe, dass sie auf der gleichnamigen Petersilieninsel vor Gibraltar ihren Ursprung hat, andere nennen Sardinien. Wo auch immer, vielleicht ist dies der Ort, an dem einst Odysseus von der Nymphe Kalypso verzaubert wurde. Der Steinsellerie, so lautet die wörtliche Übersetzung des Pflanzennamens, hat sich seit der Antike im ganzen Mittelmeerraum verbreitet. Zur medizinischen Heilpflanze wurde die Petersilie durch ihren Wirkstoff *Apiol,* der die Funktion der Unterleibsorgane anregt. Petersilie bringe „Männer aufs Pferd und Frauen ins Grab" so heißt es. Ein Extrakt der Pflanze wurde Männern zur Behandlung von Impotenz und Frauen bei der Geburt oder bei Abtreibungen verabreicht. Als *Petersiliengasse* bezeichnete man früher deshalb Straßen, in denen Bordelle, Hebammen und Bader zu finden waren. Deshalb sollten werdende Mütter auf übermäßigen Petersilienverzehr verzichten.
Kulinarisch kann man dreierlei Arten Petersilie unterscheiden. Es gibt *Wurzelpetersilie,* deren aromatische Rübenwurzel ähnlich wie Pastinake schmeckt. Außerdem *glattblättrige* und *krause Petersilie*. Die krause Variante hat weniger Geschmack, wird aber gern als essbare Dekoration auf den Teller gestreut. Sie wurde gezüchtet, um eine Verwechslung mit einer ähnlich aussehenden Giftpflanze, der *Hundspetersilie,* auszuschließen. Im Garten ist Petersilie anspruchslos und verlangt nur bei der Aussaat Geduld, denn die Keimzeit dauert sieben Wochen. Man sagt, dass die Samen erst nach Rom pilgern müssen, um den Peterssegen zu erbitten.
Petersilie ist das meistverwendete Küchenkraut der Welt, das weder in Eintopfgerichten, noch in Kräutersaucen fehlen darf. Eine wahre Geschmacksexplosion ist der orientalische Petersiliensalat *Taboulé,* der mit gehackten Tomaten, Minze und Bulgur zubereitet wird.

Pfeffer

Wie der Tiger zum Pfeffer kam *Indien*

Zu einer Zeit, als man noch zu Fuß reiste, wohnte eine junge Frau mit ihrer Familie im Süden Indiens. Eines Tages erhielt sie eine Nachricht von ihrer Schwester, die dringend Hilfe bei der Pfefferernte benötigte. Sie hatte ihre Schwester seit deren Hochzeit nicht mehr gesehen und begann freudig mit den Vorbereitungen für die Reise. Schon am übernächsten Tag machte sie sich im Morgengrauen auf den Weg Richtung Alleppey, wo ihre Schwester wohnte. Ihr Gepäck wog schwer, denn sie war beladen mit vielen Lebensmitteln, die sie als Gastgeschenk mitbringen wollte. Mühsam bahnte sie sich den Weg durch den zugewachsenen Pfad im Dschungel, den schon lange niemand mehr betreten hatte. Immer wieder wandte sie sich um, weil sie das Gefühl hatte beobachtet zu werden. Während einer kurzen Rast am Fluss, vernahm sie hinter sich ein Rascheln. Sie drehte sich um und befand sich Auge in Auge mit einem weißen Tiger wieder, der sie hungrig anstarrte. „Töte mich nicht“, bat sie. „Ich bin viel zu knochig, an mir wirst Du Dich nicht satt essen können. Ich gebe Dir auch ein fettes Hühnchen, wenn Du mich am Leben lässt.“ Der Tiger besah sich ihr schweres Gepäck „Wenn es so gut schmeckt, wie es duftet, will ich Dich verschonen“, sagte der Tiger. Da gab sie ihm die Kasserolle mit dem Butterhuhn, das sie für ihre Schwester zubereitet hatte, und der Tiger ließ sie ihren Weg fortsetzen. Nach einer Weile hörte sie hinter sich wieder ein Geräusch. Als sie sich abermals umwandte, war es derselbe Tiger, der sie beobachtete. „Hast Du nicht schon genug zu essen gehabt?“, fragte sie ihn. „Ich rieche, dass Du noch etwas anderes bei Dir hast. Mein Magen ist empfindlich und muss regelmäßig Nahrung bekommen“, sagte der Tiger und rieb sich den Bauch. Da gab ihm die Frau die Reisklößchen, die sie noch bei sich hatte, und sah zu, dass sie schnellstmöglich Abstand gewann. Doch als sie in die Nähe von Alleppey kam, war ihr der Tiger immer noch auf den Fersen. Sie hatte nur noch Süßigkeiten und Gewürze mit sich. „Dein Essen war köstlich,

aber es hat mich nicht satt gemacht. Es war nett, Dich kennenzulernen, doch jetzt werde ich Dich fressen müssen", brummte der Tiger und leckte sich genüsslich die Reißzähne. „Nimm zuerst etwas Süßes. Ich werde solange mein Fleisch würzen, sonst wird es Dir zu schwer im Magen liegen", erwiderte sie und überließ ihm den Nachtisch, den sie bis hierhin gerettet hatte. Während der Tiger ihren köstlichen Bananenpudding verspeiste, kletterte sie auf einen Baum. Der hungrige Tiger blickte erwartungsvoll zu ihr auf. „Du bist mir schon schmackhaft genug, gleich komme ich Dich holen", sprach er und versuchte, auf den Baum zu klettern. Nachdem ihm das nicht gelang, fluchte er: „Verdammt, wie bist Du dort hinaufgekommen?" „Nichts leichter als das", meinte die Frau lachend. „Du musst erst ein bisschen Kokosöl auf den Stamm reiben." Der Tiger tat, was ihm die Frau geraten hatte, doch damit wurde es noch schlimmer als zuvor. Bei seinem Versuch, den Baumstamm zu erklimmen, rutschte er aus und landete unsanft auf dem Boden. Inzwischen waren die Affen aus dem Wald auf das Spektakel aufmerksam geworden und man hörte sie in den umliegenden Baumwipfeln Schreien vor Lachen. Der Tiger war außer sich vor Wut, er brüllte und fauchte gefährlich und schüttelte den Baum, auf dem die Frau saß. „Warte, ich werde Dir ein Stück entgegenkommen", sagte sie und kletterte etwas tiefer. Dann nahm sie eine Handvoll Pfeffer und schleuderte ihn dem Tiger ins Gesicht. Der Tiger heulte laut auf, als er den Pfeffer in Augen und Nase bekam. Er rannte im Kreis herum, ohne etwas sehen zu können, und plötzlich setzte ein so lautes Niesen ein, wie es kein Mensch je zuvor gehört hatte. Wieder und wieder nieste der Tiger, bis alle Einwohner von Alleppey es vernommen hatten und herbei eilten. Darunter auch die Verwandten der Frau, die kaum glauben konnten, wie mutig ihre Schwester gewesen war.

Die Dorfbewohner fingen den hilflosen Tiger ein und brachten ihn ins Reservat, wo er genug Nahrung finden konnte und die Menschen mit ihren gefährlichen Gewürzen für immer in Ruhe ließ. Dann feierten sie ein großes Fest, bei dem alle Speisen mit einer Extraportion Tigerpfeffer bestreut wurden. Die Kochkunst in Kerala ist seitdem bekannt für die besondere Schärfe ihrer Speisen. Den Kindern aber erzählt man noch heute diese abenteuerliche Geschichte, wenn sie im Nationalpark von Periyar den weißen Tiger besuchen gehen.

Der Tigerpfeffer, botanisch *Piper nigrum* (schwarzer Pfeffer), stammt aus dem südindischen Bundesstaat Kerala, dem früheren Malabar, weshalb er auch als Malabarpfeffer bekannt ist. Er gehört zu den zahlreichen Pfeffergewächsen der Gattung *piper,* abgeleitet vom Sanskritwort *pippali* für Beere. PFEFFER galt jahrhundertelang als teuerstes Gewürz der Welt, das sich nur wohlhabende Bürger leisten konnten. Wer reich war, ein sogenannter *Pfeffersack*, tischte Gästen extravagante Speisen auf, vom Pfefferkuchen bis hin zum gepfefferten Wein, wobei der Begriff Pfeffer im Mittelalter allgemein für exotische Gewürze verwendet wurde.

Damals wurde sein Preis noch von arabischen und venezianischen Kaufleuten bestimmt. Erst als Vasco da Gama 1498 den Seeweg nach Indien entdeckte, übernahmen die Portugiesen den Pfefferhandel und teilten ihn sich bald mit englischen und holländischen Seefahrern. Pfeffer ist eine Kletterpflanze, die sich an Bäumen entlang rankt. Heute wird er als Strauch auf Plantagen angebaut, wo seine Triebe an Seilen und Pfählen emporwachsen. Die Pflanze blüht das ganze Jahr über und bildet Rispen mit kugeligen Früchten, die zweimal jährlich geerntet werden. Für ihre Schärfe ist das Alkaloid *Piperin* verantwortlich.

Die verschiedenfarbigen Pfeffersorten im Handel stammen alle von derselben Pflanze. Sie unterscheiden sich nur durch Reifegrad und Verarbeitung: Grüne Pfefferbeeren sind unreif geerntete Früchte. Sie werden in Salzlake eingelegt oder gefriergetrocknet. Dadurch bleibt ihre grüne Farbe erhalten. Schwarzer Pfeffer wird ebenfalls unreif geerntet, dann aber getrocknet und fermentiert, was ihm seine schwarze Farbe verleiht. Erst im vollreifen Zustand färben sich die Pfefferbeeren rötlich, doch sie sind aufgrund ihres Zuckergehalts schwer zu konservieren. Sie sind meist in Lake oder getrocknet zu bekommen. Dieser echte rote Pfeffer ist nicht zu verwechseln mit rosa Pfeffer, der botanisch etwas völlig anderes ist. Weißer Pfeffer schließlich ist der weiße Samenkern des rot gereiften Pfeffers, der von seiner Schale befreit wurde. Er besitzt eine klare Schärfe, aber weniger Aroma als schwarzer Pfeffer. Sobald Pfeffer gemahlen wird, verliert er schnell an Geschmack. Eine Delikatesse ist selbst fermentierter Pfeffer aus frischen, grünen Pfefferbeeren: Mit Salz vermengt mindestens drei Wochen in einem Gefäß, das mit einem luftdurchlässigen Tuch abgedeckt ist, lagern und täglich umrühren. Dieser *Pfeffer-Kaviar* ist in Schraubgläsern abgefüllt lange haltbar.

Rosmarin

Die Schatztruhe *Frankreich*

Es war einmal ein armes Bauernmädchen aus der Provence, das wurde von seinen Eltern nach Grasse, in die Stadt der reichen Parfümeure, geschickt, um dort Arbeit zu finden. Vor den Toren der mittelalterlichen Stadt gab es Felder voller Rosen und Jasmin, aus denen man kostbare Essenzen destillierte. Hier wurde sie von einer Familie angesehener Duftmacher aufgenommen. Da das Mädchen noch zu unerfahren war, um empfindliche Blüten zu pflücken, ließ man sie zunächst Lavendel, Rosmarin und Eisenkraut schneiden, die man für einfaches Eau de Cologne brauchte. Eines Tages wurde sie in den Wald geschickt, um Feuerholz zu holen. Sie lief den Weg entlang bis zu einer alten Brücke, über die man in die Berge gelangte. Im dahinterliegenden Wald war es still und dunkel, nur der Fluss war zu hören. Als das Mädchen genug Holz beisammenhatte und wieder an die Brücke kam, entdeckte sie einen kräftigen Rosmarinstrauch und wollte ein paar Zweige mitnehmen. Doch je mehr sie am Rosmarin zog, umso mehr wehrte dieser sich dagegen. Schließlich hatte sie den Busch mitsamt der Wurzel herausgezogen. Da hörte sie eine Stimme hinter sich: „Bist Du etwa gekommen, um mein Holz zu stehlen?" Es war ein junger Mann in einem grünen Umhang. „Ich wurde angewiesen, Brennholz zu holen. Verzeiht mir, dass ich Euren Wald betreten habe", sprach das Mädchen. „Komm mit in mein Haus, da kannst Du es mir zurückgeben", sagte der Fremde und führte sie durch eine Pforte im Erdreich, wo zuvor der Rosmarin gesteckt hatte. Obwohl sie so winzig wirkte, konnte das Mädchen mühelos hindurchgehen und am Ende kamen sie zu einem Steinhaus, das aussah, als ob es aus dem Felsen gewachsen wäre. Der Fremde zeigte ihr das Haus und den Garten, der voller duftender Blumen war. Dann betrachtete er sie lange und meinte schließlich, „Du bist das schönste Mädchen, das ich je gesehen habe." Das Mädchen wusste nicht recht wie ihr geschah, aber sie merkte, dass sie sich in den Unbekannten zu verlieben begann. Er brachte sie durch die geheime Pforte zurück und von nun an trafen sie sich jeden Tag um die Mittagsstunde am Rosmarinstrauch. Bald konnte sie kaum noch erwarten, ihn zu sehen, und als er sie beim nächsten Mal bat, ganz bei ihm zu bleiben, sagte sie „Ja“. So wurde sie die Frau des Rosmarinmannes. Er gab ihr die Schlüssel für das verwinkelte Haus und ließ sie alle Türen öffnen, bis auf eine kleine hölzerne Truhe. „Darin sind all meine Gedanken und Erinnerungen. Wenn Du den Deckel öffnest, wird alles vergessen sein. Tue es niemals!“, ermahnte er sie. Als er sie aber einmal länger allein ließ, packte sie doch die Neugier und sie benutzte den winzigen Schlüssel, der noch unberührt am Schlüsselbund steckte. Sie öffnete die Truhe und fand dort ein altes, in Leder gebundenes Buch. Neugierig schlug sie die Seiten auf und begann zu lesen. Zu ihrer Überraschung war es Wort für Wort ihre eigene Geschichte, die darin erzählt wurde. Plötzlich flogen die Buchstaben auf und davon, wie aufgescheuchte Vögel, und die Seiten wurden weiß und leer. Dann verschwand mit einem Mal die ganze Umgebung vor ihren Augen, die Erde tat einen Ruck, so dass sie zu Boden fiel und vor dem Rosmarinbusch wieder zu sich kam. Da weinte sie bitterlich über ihre Dummheit. Sie grub zwischen den Wurzeln und schaute zwischen die Zweige, um den Eingang wieder zu finden, aber es war und blieb nur ein gewöhnlicher Rosmarin. In ihrer Not fragte sie die Sonne am Himmel, wo sie ihren Geliebten suchen sollte. „Ich weiß nichts von Deinem Mann. Ich bin zu sehr mit meinen Lichtstrahlen beschäftigt“, sagte die Sonne. Auch der Mond antwortete: „Tut mir leid, aber ich sehe im Dunkeln nicht viel vom Leben der Menschen.“ Am nächsten Morgen weckte der Wind das verzweifelte Mädchen. „Ich komme überall hin und weiß, dass Dein Mann im Schloss von Gourdon eine Sarazenentochter heiraten soll. Aber sei nicht verzagt, diese Zaubernuss wird Dir helfen. Folge mir!“ Mit diesen Worten gab er ihr eine goldene Haselnuss und verwandelte sich in den eisigen Mistral, der von Norden über die Berge weht. Mit höchster Geschwindigkeit durchstreifte er die Wälder von Gourdon bis zum Sarazenenschloss, das wie ein Adlerhorst auf den Felsen thronte. Er fegte durch ein Fenster, schnappte sich den perlenbestickten Schleier der Braut und trug ihn mit sich fort, um ihn in die Jauchegrube zu werfen. Nun mussten die Hochzeitsvorbereitungen wohl oder übel verschoben werden. Das Mädchen aber gelangte in der Zeit bis vor das Schlosstor. Dort öffnete sie die goldene Nuss und fand einen Brautschleier darin, so fein gestickt wie ein Lufthauch. Kurz entschlossen pochte sie ans Tor und verlangte, die Braut zu sprechen. Als diese erschien, bot sie ihr den kostbaren Schleier zum Kauf an. Die Braut war glücklich, dass damit die Heirat doch noch vollzogen werden konnte, und fragte nach dem Preis. „Ich möchte weder Gold noch Geld", sagte das Mädchen „aber ich will Eurem Bräutigam ins Auge schauen." Der Tausch solle ihr recht sein, sagte die Braut und führte das Mädchen zu ihm. Als sie nun dem geliebten Mann gegenüberstand und er sie wie eine Fremde anschaute, nahm sie einen Rosmarinzweig und strich ihm damit sanft über die Stirn. Da kamen alle Erinnerungen in sein Gedächtnis zurück und er umarmte sie innig. „Endlich kann das Märchen weitergehen", sagte er glücklich. Mit diesen Worten lösten sie sich beide in Luft auf und wurden nie mehr gesehen. Zurück blieb nur der Rosmarin, der die Felder der Provence bis heute bedeckt. Man sagt, dass die jungen Mädchen in mondhellen Nächten versuchen, den Mann ihrer Träume unter seinen Wurzeln zu finden.

Schon Ophelia in Shakespeares Hamlet verwendete den ROSMARIN als Zeichen der Treue. Studenten im alten Griechenland trugen einen Kranz von Rosmarin auf dem Kopf, damit er ihr Gedächtnis anrege. Tatsächlich hat er einen positiven Effekt auf die Konzentrationsfähigkeit und soll sogar Alzheimer vorbeugen können. Der Strauch aus der Familie der Lippenblütengewächse, lateinisch *Salvia rosmarinus* (in Heilbüchern auch *Rosmarinus officinalis*) stammt aus dem Mittelmeerraum und bevorzugt trockene Hanglagen. Er hat nichts mit Rosen zu tun, sein Name wird vom lateinischen *ros marinus, Meertau,* oder vom altgriechischen *rhops myrinos, Balsamstrauch,* abgeleitet.

Das Öl, das man aus seinen nadligen Blättern und den lilablauen Blüten gewinnt, regt die Durchblutung an und wirkt entspannend. Der Extrakt hilft bei Hautausschlägen und reduziert Altersflecken. Rosmarin war der Schönheitsgöttin Aphrodite geweiht.

Sein harziger Duft war zugleich Basis für das erste Parfum, das je kreiert wurde. Hergestellt 1377 für Königin Elisabeth von Ungarn, ist es heute als *Kölnisch Wasser* bekannt. Als Räucherwerk wirkt Rosmarin reinigend und soll böse Geister vertreiben. Rosmarin braucht ein mildes, sonniges Klima, um zu gedeihen. Deshalb ist sein Aroma nördlich der Alpen weniger geläufig als im Süden Europas. Er ist das einzige Gewürz, das in getrocknetem Zustand keinen Geschmacksverlust aufweist. Die bitteren Terpene, die im frischen Rosmarin stecken, verschwinden dabei sogar. Frische Zweige nimmt man deshalb besser zum Grillen und Braten, während die getrockneten zum Kochen geeignet sind. Im Süden Frankreichs gehört an jede herzhafte Speise die berühmte Gewürzmischung *Herbes de Provence*, deren Hauptbestandteil – neben Thymian, dem dortigen Bohnenkraut und Oregano – der Rosmarin ist. Er macht Speisen bekömmlicher, gibt vegetarischen Gerichten wie *Ratatouille* eine mediterrane Note und macht aus einfachen Ofenkartoffeln eine Delikatesse.

Safran

Azafrans Töchter *Venedig*

Es war einmal ein venezianischer Kaufmann, der hatte einen Sohn, dem es an Lebenslust mangelte. Deshalb beschloss er, ihn beizeiten auf eine Handelsreise hinaus in die Welt zu schicken, um ihn von der Melancholie zu heilen. Er ließ drei seiner Kapitäne zu sich rufen und bat seinen Sohn, ihren Berichten zu lauschen und sich danach für eine Reiseroute zu entscheiden. Der erste Kapitän beschrieb eine abenteuerliche Fahrt: „Ich habe eine Insel gesehen, auf der die Berge Feuer speien und die Menschen sich mit Vogelfedern schmücken." Der Zweite erzählte: „Ich bin in ein Land gereist, wo die Paläste bis in den Himmel reichten und der Wein aus diamantenen Bechern getrunken wird." Der Dritte sprach: „Meine Reise führte mich zu einer Insel voller Blumen, welche die Menschen glücklich machen." Der Kaufmannssohn musste nicht lange nachdenken. „Meine Heimatstadt ist reich an Palästen und bunten Vögeln, die rauschende Feste feiern. Wahre Glückseligkeit ist jedoch selten zu finden. Ich will mich zu der Blumeninsel aufmachen." Er verkündete seine Entscheidung dem Vater, der das Schiff mit Waren zum Tausch für ihn beladen ließ. Bald darauf konnte er unter der Führung des Kapitäns in See stechen. Nach einer dreiwöchigen Reise durch das lybische Meer, erreichten sie ihr Ziel, die Insel Candia. Direkt neben dem Hafen erhob sich die Burg des Fürsten, dort sprachen sie vor und zeigten ihre Waren. Nachdem der Handel beschlossen war, wurden sie gebeten, als Gäste in der Burg zu verweilen, um von ihrer Reise zu erzählen. Am Abend veranstaltete man ein großes Festmahl. Alle Speisen und selbst der Wein, der dazu gereicht wurde, waren von goldgelber Farbe und von unvergleichlichem Aroma. Nachdem die Speisen abgetragen waren, erschienen Musiker und Tänzerinnen, die in Schleier von der Farbe des Sonnenaufgangs gehüllt waren. Der Kaufmannssohn fühlte sich seltsam vergnügt, als ob eine Sonne in seinem Herzen aufgehen würde, doch er konnte sich den Grund dafür nicht erklären. „Was ist das Geheimnis dieser prachtvollen Farbe, die meine Sinne berauscht?", fragte er den Gastgeber. „Es ist eine wilde Blume, die wir Azafran nennen. Sie blüht für einen Tag in der ersten Stunde des Morgenlichts und darf nur von Jungfrauen geerntet werden", antwortete der Fürst und schenkte ihm noch etwas Wein ein. Als das Fest zu Ende ging, geleitete man die Gäste zu ihren Gemächern. In dieser Nacht hatte der Kaufmannssohn einen seltsamen Traum. Eine kupfergoldene Fee schwebte zum Fenster herein und beugte sich zu ihm, um ihn zu küssen. Er spürte genau ihre Lippen und die Kaskade ihres leuchtend roten Haares. Am anderen Morgen hätte er den Kuss für einen Traum gehalten, wenn er nicht ein langes kupferrotes Haar auf seiner Brust gefunden hätte. „Es war also keine Einbildung", dachte er. „Ich muss sie wiedersehen." Der Fürst lächelte, als er seinen Gast mit leuchtenden Augen auf sich zukommen sah. „Es war Azafran", sagte er, „sie schenkt uns schöne Träume." „Nein, es war mehr als nur ein Traum. Ich muss wissen was es mit dieser Blume auf sich hat. Bringt mich zu ihr." „Das wird nicht leicht sein. Kein männliches Wesen darf dorthin, so will es der Brauch. Ihr müsstet in der Dunkelheit aufbrechen und Euch gut

verstecken, sonst seid Ihr des Todes", sagte der Fürst. Der Kaufmannssohn versprach ihm, alles zu beherzigen, und dazu noch einen Beutel Gold, wenn er ihn nur dorthin brächte. Keine zwei Stunden später machte er sich mit einem Führer auf in die Berge. Sie hatten einen langen Weg zu gehen und so erzählte der junge Kaufmann von seiner nächtlichen Erscheinung. „Es soll vorkommen, dass sich eine von Azafrans Töchtern in einen Sterblichen verliebt", sagte sein Begleiter. „Bei Sonnenaufgang nehmen sie für kurze Zeit menschliche Gestalt an, um ein Bad im Morgenlicht zu nehmen. Dann musst Du blitzschnell die goldenen Fäden aus ihrem Blütenkelch ziehen und sie wird für immer Dein sein." Als sie endlich ihr Ziel auf einem Hochplateau erreichten, fanden sie die Wiese übersät von violetten Blumen. Mit den ersten Sonnenstrahlen öffneten sie sich und die schönsten Jungfrauen, die je ein Mensch erblickt hatte, traten daraus hervor. Zwischen den vielen Schönheiten befürchtete er schon, seine Traumfrau nicht wiederzufinden, als er sie plötzlich ganz in seiner Nähe entdeckte. Schnell beugte er sich zu der Blüte und nahm die Goldfäden an sich. In diesem Moment sank das Mädchen mit den kupferroten Haaren ohnmächtig zu Boden. Als sie die Augen wieder aufschlug, gestand der Kaufmann ihr seine Liebe und sie kehrten zusammen nach Venedig zurück. Dort wurde ein großes Hochzeitsfest gefeiert, bei dem alles in die goldene Farbe der Morgenröte getaucht war. Der Kaufmann aber war für immer von seiner Melancholie geheilt und wurde dank der Zauberblume bald der bedeutendste Gewürzhändler der Stadt. Seine geheimnisvoll schöne Frau schenkte ihm viele Kinder, die alle so kupfergoldenes Haar wie die Fäden des Safrans hatten.

Der SAFRAN *(Crocus sativus)* stammt vermutlich von der Insel Kreta, die in früheren Zeiten Candia hieß. Von dort aus gelangte er in das damalige Perserreich, wo er *Zarparan* *(Goldblüten)* genannt wurde. Seine kurze Blütezeit im Herbst dauert nur wenige Stunden. Drei rote Stempelfäden pro Pflanze können per Hand geerntet und getrocknet werden. Der orangegoldene Farbstoff, der daraus entsteht, wurde ursprünglich für Speisen und Gewänder verwendet, um sie in kostbare Opfergaben zu verwandeln. Reiche Venezianerinnen färbten sogar ihre Haare damit, um ein goldenes Blond zu erzielen. In der Heilkunde schätzte man seine entzündungshemmende und antidepressive Wirkung. Als bewusstseinserweiterndes Aphrodisiakum wurde Safran wie eine Droge konsumiert. Für reichen Kindersegen verfeinerte er bei Hochzeiten deshalb die Speisen und wurde auf die Bettlaken des Brautpaares gestreut. Der Mythologie zufolge war Safran die heilige Pflanze der Fruchtbarkeitsgöttin Demeter. Im Hinduismus und Buddhismus gilt Safrangelb als Farbe der Erleuchtung. Der beste Safran wird heute in Spanien, im Iran und in Indien geerntet. Es gibt aber auch Orte in der Schweiz und im englischen Saffron, wo er erfolgreich angebaut wird. Verantwortlich für sein bittersüßes Aroma sind *Safranal* und der Farbstoff *Crocin*. Da Safranpulver oft gefälscht und mit billigen Zusätzen wie Kurkuma oder Färberdistel gestreckt wird, kauft man besser ganze Safranfäden. Sie dürfen allerdings nicht lange erhitzt werden, sonst schmecken sie bitter. Man mörsert sie mit feinem Salz, löst sie in Öl oder Alkohol und gibt das Gewürz erst am Ende der Garzeit dazu. Zu den klassischen Safrangerichten zählt neben der französischen *Bouillabaisse* und der spanischen *Paella* auch das *Risotto alla Milanese*. Verführerisch wie Azafrans Töchter ist jedoch Safraneis: Hierfür mörsert man die Fäden mit Zucker, löst sie in heißer Sahne auf und rührt über einem heißen Wasserbad geschlagenes Eigelb unter, bis die Masse zu einer festen, goldenen Creme wird, die später eisgekühlt auf der Zunge zergeht.

Salbei

Der Taufpate *Italien*

Es war einmal ein Kapitän, der schon die ganze Welt mit seinem Schiff bereist hatte. Das Alter ließ ihn ruhiger werden und er begann zum ersten Mal, den Wunsch nach einem sesshaften Leben an Land zu verspüren. Auf seiner letzten Fahrt nach Südamerika verliebte er sich in eine junge Frau und nahm sie mit in sein Heimatland Italien. Dort, in der alten Hafenstadt Ostia, ließen sie sich nieder und bekamen bald Nachwuchs. Der Kapitän war stolz auf den späten Kindersegen und wollte, dass sein Sohn so schnell wie möglich getauft wurde. Da sie beide keinerlei Verwandtschaft in Ostia besaßen, erschienen sie nur zu zweit mit dem Kind in der Kirche. Der Priester aber verlangte einen Taufpaten, ohne den er nach italienischem Recht die Taufe nicht vornehmen könne. Der Kapitän sah sich in der Kirche um und ganz hinten an der Kirchentür fand er einen Mann in einem dunklen Umhang. „Gevatter, wärest Du bereit meinem Sohn als Taufpate beizustehen?", fragte er ihn. „Normalerweise fürchten die Menschen mich, denn ich bin der Tod. Doch wenn Du keine Angst vor mir hast, so will ich Dir gerne diese Bitte erfüllen", sprach der Unbekannte. Dem Kapitän war zunächst etwas bang ums Herz, aber er dachte sich: „Der Tod behandelt alle Menschen gleich. Er wird meinem Sohn wenigstens beibringen, was Gerechtigkeit heißt", und er nahm den Tod als Taufpaten an. Nach der Zeremonie bedankte sich der Tod bei ihm. „Du hast mir eine große Freude gemacht, die mir noch nie widerfahren ist. Dafür möchte ich Dir ein Geheimnis verraten, mit dem Du reich werden kannst. Lass Dich als Arzt zu den Kranken rufen und schau als erstes hinter die Tür. Siehst Du mich dort stehen, dann ist keine Aussicht auf Heilung und der Priester muss kommen. Ansonsten kannst Du verordnen, was immer Dir gefällt, denn der Kranke wird wieder gesund werden." So kam es, dass der alte Kapitän bald als Heilkundiger galt und den Verlauf einer Krankheit treffsicher vorhersagen konnte. Wenn er den Tod nicht hinter der Tür vorfand, ließ er eine Suppe kochen und selbst schwerkranke Patienten erholten sich dadurch wieder. Der Tod besuchte sein Patenkind in regelmäßigen Abständen und brachte ihm viele nützliche Dinge bei, die man nicht in der Schule lernen kann. Eines Tages sagte er zum Kapitän: „Wir kennen uns nun schon so lange. Warum kommst Du nicht einmal in mein Haus zum Mittagessen?“ So verabredeten sie sich für den nächsten Tag. Der Tod führte den Kapitän durch seinen Garten, in dem violette Stauden einen schweren Duft verbreiteten. „Das ist ja mal eine besondere Blume“, sagte der Kapitän. „Wie heißt sie?“ „Das ist Salbei, eine Pflanze deren Duft mich alles vergessen lässt. Ich muss so viel Trauer und Leid mitansehen, da braucht es ein starkes Gegenmittel für meine Nachtruhe.“ Im Haus angekommen zeigte der Tod ihm alle Zimmer, bis auf eines. „Was befindet sich hinter dieser Tür, oder darf ich es nicht wissen?“, fragte der Kapitän. „Das ist kein Ort für Sterbliche“, sagte der Tod, „aber da Du mein Freund bist, will ich eine Ausnahme machen.“ Als er die Tür öffnete, flackerten dort Tausende von Öllämpchen und verbreiteten ihr Licht. „Was hat dies zu bedeuten?“, fragte der Kapitän. „Das sind die Lebenslichter der Menschen. Wenn sie sich entzünden, wird ein Kind geboren. Die Hellen haben noch viel Lebenszeit vor sich und die Flackernden sind jene, die bald sterben müssen.“ „Kannst Du mir nicht auch mein Lämpchen zeigen?“, bat der Kapitän. Da führte der Tod ihn zu einer schwachen Flamme, die nur noch wenig Öl besaß. „Könntest Du bitte noch etwas Öl hinzufügen? Ich habe schließlich eine junge Frau und mein kleiner Sohn soll nicht ohne Vater aufwachsen.“ Der Tod aber verneinte: „Genieße die Zeit, ich darf sie Dir nicht verlängern, selbst wenn ich wollte.“ Auf dem Heimweg war der Kapitän nachdenklich und schweigsam. Seine Frau sah, dass ihm schwere Gedanken durch den Kopf gingen, und fragte, was passiert sei. Da erzählte er ihr alles, von den Blumen, dem geheimen Zimmer und den Lebenslichtern. „Nun müsst ihr wohl bald ohne mich auskommen“, sagte er traurig. Seine Frau überlegte nicht lange. „Die Blume kenne ich aus meiner Heimat. Wir müssen sie anpflanzen, dann wird der Tod vergessen, warum er gekommen ist.“ Und sie holte ein paar Samen hervor, die sie sorgsam aufbewahrt hatte. Bald war das ganze Haus von Salbeibüschen wie von einer schützenden Hecke umgeben.

Jedes Mal aber, wenn der Tod sich dem Kapitänshaus näherte, blieb er davor stehen, als ob er nicht mehr wüsste, was er dort eigentlich gewollt hatte. „Ich werde wohl langsam alt und vergesslich", dachte er kopfschüttelnd und ging weiter seines Weges. Auf diese Weise gewann der Kapitän noch viele Jahre Lebenszeit, doch er traute sich nicht mehr, seinem ehemaligen Kameraden unter die Augen zu kommen. Erst als sein Sohn alt genug war, um für sich selbst zu sorgen, beschloss er, sein Gewissen zu erleichtern und dem Tod zu erzählen, dass er ihn jahrelang getäuscht hatte. „Um unserer Freundschaft willen danke ich Dir für Deine Aufrichtigkeit", antwortete dieser zum Abschied. „Du wirst heute Abend besser schlafen können als je zuvor. Das versichere ich Dir."

Als der Kapitän nach Hause zurückkehrte, fühlte er tatsächlich eine große Müdigkeit in seinen Gliedern aufsteigen. Zufrieden legte er sich ins Bett und bemerkte gar nicht, dass der Tod bereits hinter der Tür stand.

„Salbei im Garten – der Tod kann warten." Das alte Sprichwort zeigt, welche Rolle der SALBEI in früheren Zeiten spielte, als ein Arztbesuch für das einfache Volk zu teuer war. Sein lateinischer Pflanzenname ***Salvia*** kommt von *salvare,* retten. Ein Retter in der Not ist *Salvia officinalis* bei Halsschmerzen, denn er wirkt entzündungshemmend und wundheilend. Seine behaarten, silbergrauen Blätter dienten jahrhundertelang als einfaches Zahnputzmittel, daher auch sein Volksname ***Zahnblätter***. Mit Salbeiöl wird auch heute noch Zahnpasta hergestellt. Die bitteren Gerbstoffe der Pflanze helfen bei der Fettaufspaltung, sie sind verdauungsfördernd und reduzieren äußerlich angewendet sogar die Schweißbildung. Seine Blätter enthalten zudem *Thujon,* eine Substanz, die in zu hoher Dosis und mit Alkohol vermischt Halluzinationen hervorruft. Es gibt eine Vielzahl von Salbeiarten. Sie gehören zur Familie der Lippenblütler und gedeihen nahezu überall auf der Erde. Ihre Farbenpracht und der herb-würzige Duft machen sie zu beliebten Zierpflanzen. Auch beim Räuchern werden Salbeiblätter eingesetzt.

Als Gewürz findet Salbei vor allem in der italienischen Küche Verwendung. Klassische Gerichte wie *Gnocchi* mit Salbeibutter, *Saltimbocca alla Romana* oder *Salvia fritta* (Salbeimäuschen, in Teig ausgebackene Salbeiblätter) sind nur einige davon. Sogar die winzigen Samenkörner einer Salbeigattung, die in Mittelamerika heimisch ist, sind essbar (*Salvia hispanica* und *Salvia columbariae*). Sie werden Chiasamen genannt und man findet sie heute als sogenanntes Superfood in fast jedem Lebensmittelgeschäft.

Salz

Die Zaubermühle *Finnland*

Lange bevor das Nordland zu Eis wurde, herrschte König Frode über alle Völker Skandinaviens. Es war eine Zeit ewigen Friedens, in der die Menschen keinen Hunger litten und sich gegenseitig kein Leid zufügten. Eines Tages hörte Frode davon, dass ein Schmied namens Ilmarinen eine Zaubermühle erfunden hatte, die er Sampo nannte und die unentwegt alles hervorbrächte, was man sich nur wünschen würde. „Das ist fürwahr ein Ding, das ich besitzen muss", dachte Frode und begab sich auf die Reise, um Ilmarinen zu finden. Der Schmied lebte auf der Insel Iseland, weit draußen am Rand des Polarmeeres. Er stammte von den Asen ab und war mit magischen Kräften ausgestattet. Seine Esse befand sich über einem Feuerloch im Boden und wenn er ein Stück Eisen bearbeitete, sprach er einen Zauberspruch und löschte es mit dem Wasser eines Geysirs, der bis zum Himmel spuckte. Als Frode vor Ilmarinen stand, war er beeindruckt von dessen Gestalt, denn er war ein Riese von übermenschlicher Größe. „Schmied Ilmarinen, man sagt, Du hast etwas geschaffen, das eigentlich mir, dem Herrscher des Nordlands gehören sollte", sprach Frode. „Mein König, alles was mein ist, ist auch Dein. Nur müsst ihr den Sampo auch zu bedienen wissen", antwortete Ilmarinen und er führte den König zu einer gebläuten Eisenkugel, auf der silberne Sterne glitzerten. Er öffnete den Deckel und darin war ein Mahlwerk aus schweren Granitscheiben. „Zuerst nehmt ihr das Zepter und steckt es in das Kurbelrad." Dabei packte er eine mannshohe Eisenstange, deren Enden mit zwei Knoten versehen war, und ließ sie auf einem Schaft einrasten. „Um die Mühlsteine zu bewegen, braucht es nun die Kraft zweier Walküren, wie meine Schwestern es sind." Unterdessen waren zwei blonde Riesinnen an die Zaubermühle getreten und begannen, sie langsam in Bewegung zu setzen. „Befehlt dem Sampo nun, was er mahlen soll", sagte der Schmied. Frode dachte an das Kostbarste, was ihm einfiel: „Ich will, dass Gold gemahlen wird."

Kaum hatte er dies ausgesprochen, da begann zwischen den Mühlsteinen Gold hervorzuquellen. Die ganze Werkstatt füllte sich mit Goldstaub, glitzernd und rein. Ungläubig starrte der König auf die Mühle, doch in seinem Herzen erwachte bereits die Habgier und er verlangte von Ilmarinen, dass er ihm den Sampo mitsamt seinen Schwestern zum Geschenk machte. „Mein König, was mein ist, soll Dein sein, aber behandelt meine Schwestern wie Eure eigenen." Frode versprach, sich gut um die Mädchen zu kümmern, und ließ die Zaubermühle auf sein Schiff bringen. Dann machte er sich auf die Heimreise über das Nordmeer. Um möglichst viel kostbares Gold heimzubringen, ordnete er an, dass der Sampo während der Überfahrt nie still stehen dürfe, und vergaß dabei sein Versprechen, gut für Ilmarinens Schwestern zu sorgen. So drehten die beiden die Mühlsteine des Sampo sechs Tage und Nächte, bis das Schiff schwer im Wasser lag. Am siebten Tag ging der Kapitän zum König und sagte: „Herr, lasst die Mädchen ausruhen. Wenn sie so weitermachen, wird das Schiff zu viel Tiefgang bekommen." Frode aber fand, dass noch viel Stauraum im Schiffsbauch frei war, und er schlug vor, sie etwas mahlen zu lassen, das ähnlich kostbar, aber leichter an Gewicht war. Er stellte sich vor die Zaubermühle und befahl: „Weizen, mahl mir Weizen." Da begann der Sampo goldgelbes Weizenmehl zu mahlen und er hörte weitere sieben Tage nicht auf, bis auch die letzte Kammer des Frachtraums gefüllt war. Wieder kam der Kapitän zum König und mahnte, dass der Schiffsbug zu tief läge. Da besann sich Frode auf eine noch leichtere Fracht und verlangte vom Sampo: „Salz, mahl mir Salz, bis wir wieder an Land sind." Der Blick der beiden Schwestern verdunkelte sich. „So soll es sein, König Frode." Während sich die Männer entfernten, steigerten sie das Tempo und begannen leise zu summen: „Odin, öffne alle Schleusen. Thor, bring uns Gewitterwand. Lass die Wellen aus den Reusen und den Himmel steck in Brand."

Schneller und schneller drehten die Walkürenschwestern den Sampo, bis die See stürmisch wurde und das Schiff unter seiner schweren Last schwankte. Die Gefahr des Kenterns vor Augen, verlangte der Kapitän, das Gold auf dem Meeresgrund zu versenken. Doch König Frode konnte von keinem Körnchen lassen und umklammerte die Säcke mit dem kostbaren Metall, als ob es seine Kinder wären. Da schlug ein Blitz in den eisernen Deckel des Sampo und mit einem Donnerknall bildete sich ein tiefer Strudel, der das Schiff mit Mann und Maus in die Tiefe sog. Dort unten auf dem Meeresgrund mahlen die Schwestern weiter das Salz aus der Zaubermühle und sorgen damit für den Takt der Gezeiten. Immer, wenn sie sich ausruhen, ist Ebbe, und wenn sie ihre Arbeit fortsetzen, kommt die Flut. Den Deckel des Sampo aber, den Ilmarinen so kunstvoll geschmiedet hat, kann man in sommerlichen Nächten als Nordlicht am Polarhimmel sehen.

Kaum vorstellbar ist heute, wie kostbar früher **SALZ** war. Als überregionales Zahlungsmittel war es so wertbeständig, dass die Römer ihre Soldaten damit auszahlten, was sich im Wort *Salär* erhalten hat. Das *weiße Gold* wurde auf streng überwachten Handelswegen, den *Salzstraßen*, transportiert. Wer Salz im Haus hatte, konnte Nahrungsmittel konservieren und zu *gesalzenen* Preisen weiterverkaufen. Die einfachste Art der Salzgewinnung war, zunächst das Meerwasser in flachen Becken von der Sonne trocknen zu lassen, bis sich die sogenannte *Salzblume* (bekannt als französisches *Fleur de Sel)* bildet. Dieses Verfahren eignet sich aber nur für Küstengebiete mit langen, trockenen Sommermonaten und ausreichend Wind. In Zentraleuropa war man auf das versteinerte Salz der Urmeere angewiesen, das sich tief in der Erde befindet und *Halit* genannt wird. Es musste aus unterirdischen Stollen herausgebrochen und als Sole gesiedet werden, um alle Fremdstoffe, wie Gips oder bitteres Magnesiumsulfat zu entfernen. Deshalb spricht man noch heute von *Kochsalz*. Viele Ortsnamen weisen auf die Salzgewinnung und die alten Handelsrechte hin wie Salzburg, Bad Salzuflen, Bad Reichenhall, Schwäbisch Hall, Halle oder Hallstadt.

Chemisch besteht Salz aus *Natriumchlorid*. Es ist in zu fast einem Prozent im menschlichen Blut enthalten und wirkt wie ein Katalysator für viele Körperfunktionen. Bei Unfällen mit hohem Blutverlust kann eine Kochsalzlösung daher lebensrettend sein.

Da Salz den Eigengeschmack aller Lebensmittel verstärkt, lässt es sich leicht aromatisieren, ja sogar räuchern. Perfekt geeignet für geschmorte Fleischgerichte ist eine Gewürzmischung aus Salz, Kaffee, Pfeffer und Anis.

Sternanis

Die Gaben der Unsterblichen *China*

In einem Dorf, südlich des Jangtse, lebte ein Gutsverwalter mit seinem Sohn Yu. Schon früh zeigte sich, dass der kleine Yu keine Spiele wie andere Kinder spielen wollte. Lieber lernte er die Schriftzeichen und bediente den Rechenschieber. Eines Tages kamen acht Gelehrte auf ihrer Pilgerfahrt durch das Dorf und baten um eine Unterkunft für die Nacht. Sie wurden überall abgewiesen, da kein Dorfbewohner seine Mahlzeit oder ein Bett mit den Fremden teilen wollte. Nur Yu hatte Mitleid und bat die Reisenden herein. Er gab ihnen Reis und suchte ein warmes Nachtlager für sie. Als sein Vater von der Arbeit zurückkehrte, schimpfte er: „Du wirst uns noch in die Armut treiben mit Deiner Freigebigkeit!“ und sperrte ihn in seine Kammer. Mitten in der Nacht sah Yu, wie sich die Tür öffnete und die Fremden vor ihm standen. „Wir sind die acht Unsterblichen, die für Gerechtigkeit auf Erden kämpfen. Zum Dank für Deine Gastfreundschaft möchte jeder von uns Dir ein Geschenk hinterlassen. Wenn Du einmal in Not bist, kannst Du uns damit rufen und wir werden Dir zu Hilfe eilen“, sprach der eine und überreichte Yu seinen Pilgerstab. Der Nächste nahm seine Kappe und sammelte darin die Gaben seiner Gefährten. Dann gab er alles dem Jungen und sie verschwanden wie von Geisterhand. Yu besah sich die Dinge eingehend. Ein Muschelhorn, ein Kompass, eine kleine Flasche, eine Schreibfeder, Pergament und Siegellack waren darin. „Da ich nun so gute Gaben bekommen habe, kann ich auch in die Welt hinausziehen. Der Kompass soll mir den Weg zu meinem Glück weisen“, dachte er, setzte die Kappe auf, nahm den Pilgerstab und verließ seine Heimat noch vor Morgengrauen. Die Kompassnadel surrte und führte ihn über Berge und Täler, bis er vor den Toren der großen Kaiserstadt stand. Sie war von einem tiefen Fluss umgeben, der nur über eine Zugbrücke passiert werden konnte. Doch das Stadttor war verschlossen und am Flussufer warteten viele Menschen und klagten. „Was macht Ihr hier?“, fragte Yu den Erstbesten. „Wir können nicht mehr zu unseren Familien. Während wir auf dem Feld waren, hat ein böser Geist die Macht in der Stadt ergriffen.“ Yu überlegte, wie er ihnen helfen könnte. Er nahm den Pilgerstab, klopfte damit auf den Boden und hörte sogleich eine Stimme: „Was kann ich tun, kleiner Yu?“ „Bau mir eine Brücke, damit wir die Kaiserstadt betreten können“, wünschte Yu und sogleich wurde aus dem Stab eine stabile Holzbrücke, die über die Mauern ins Stadtzentrum führte. Yu betrat sie als erster und war von der Schönheit der alten Kaiserstadt überwältigt. Doch über allem lag Todesstille und die Gassen waren menschenleer. „Ich will zum Kaiser gehen und sehen, wie ich ihm beistehen kann“, dachte er. Der kaiserliche Palast aber war streng bewacht von Soldaten, die verzweifelt versuchten, den Kaiser vor dem bösen Geist zu schützen. Da tippte Yu dreimal auf seine Kappe und erbat sich, unsichtbar zu werden. „So sei es, kleiner Yu!“, hörte er eine Stimme sagen. Und kaum hatte er die Kappe wieder auf dem Kopf, konnte er ungesehen an den

Wachen vorbei in den Palast. Er ging durch die goldenen Gemächer und trat schließlich vor den Kaiser. „Majestät, ich möchte Euch von dem bösen Geist befreien“, flüsterte Yu. Der Kaiser erschrak, denn er sah niemanden. „Wer bist Du?“, fragte er. „Ich bin Yu, der Unsichtbare. Was gebt ihr mir, wenn ich Euch helfe?“ „Wenn Du den Geist bezwingst, sollst Du meinen Platz einnehmen“, versprach der Kaiser. „Aber sei vorsichtig, denn er hält die Seele meiner Tochter gefangen.“ Damit führte er ihn zum Gemach seiner Tochter, die wie tot auf seidenen Kissen lag. Yu nahm das Muschelhorn aus seiner Tasche. Er blies hinein und erzeugte einen himmlischen Klang, bei dem die Kaiserstochter ihre schönen Mandelaugen aufschlug. Im gleichen Moment erschien der Geist in einer Rauchwolke. „Wer wagt es, meine Ruhe zu stören?“, knurrte er schaurig. „Ich wollte nur sehen ob Du auch in kleineren Dingen Platz finden kannst, als in einer Menschenseele“, antwortete Yu todesmutig. „In jedem Ding und sei es noch so klein – und als nächstes suche ich mir Dich aus“, sprach der Geist. „Moment noch, lass mich erst sehen, ob Du auch in diese kleine Flasche passt, dann stehe ich Dir zur Verfügung“, sagte Yu und stellte die Flasche, die er von den Unsterblichen bekommen hatte, auf einen Tisch. „Pah, das ist leicht!“, lachte der Geist und seine Rauchwolke wurde immer feiner, bis sie schließlich durch den Flaschenhals passte und ganz verschwand. Schnell setzte Yu den Pfropfen auf die Flasche und versiegelte sie mit Lack. Dann tat er die Flasche in seine Tarnkappe und ließ sie mit der Zauberkraft, die darin steckte, auf Nimmerwiedersehen verschwinden. Nun stand Yu in seiner sichtbaren Gestalt vor dem Thron und verneigte sich höflich. Der Kaiser war verwundert, dass ein unscheinbarer Junge allein eine so mutige Tat vollbringen konnte, aber er hielt Wort. Er übergab ihm die Regierung des Reiches und dazu seine Tochter zur Frau. So wurde Yu vom einfachen Bauernsohn zum Herrscher über das chinesische Volk, dem er Frieden und Wohlstand brachte. Er ließ Brücken bauen, legte Bewässerungskanäle an und machte große Teile des Landes urbar. Hundert Jahre lang regierte er mit solcher Weisheit, dass man ihn den Jadekaiser nannte. Aus dem Kompass, den er von den Unsterblichen bekommen hatte, soll ein Baum gewachsen sein, dessen sternförmige Früchte ein langes Leben schenken.

Der Sternanisbaum *(Illicium verum)* stammt aus Südchina und Vietnam. Dort ist er seit über 4.000 Jahren als Arzneipflanze bekannt. Er gehört zur Familie der immergrünen Magnoliengewächse und besitzt außer seinem typischen Lakritzaroma keinerlei Verwandtschaft zur europäischen Anispflanze *(Pimpinella anisum)*. Da der Baum über hundert Jahre hinweg Früchte tragen kann, gilt er in der chinesischen Medizin als Heilmittel gegen ebenso viele Krankheiten. Tatsächlich enthält STERNANIS einen Wirkstoff, der erfolgreich zur Bekämpfung von Viren eingesetzt wird: die *Shikimisäure*.
Die sternförmigen Fruchtkapseln, die an eine Windrose erinnern, haben den englischen Seefahrer Sir Thomas Cavendish so fasziniert, dass er sie 1588 nach Europa brachte, ohne ihre genaue Verwendung zu kennen. Hier nannte man das Gewürz *Badian*, vom Chinesischen *ba jiao* (Achteck), und benutzte es zum Aromatisieren von Süßspeisen oder Pasteten.
Der süße Duft des Sternanis entsteht durch das ätherische Öl *Anethol*, das sich in seinen Früchten konzentriert. Diese werden noch grün und unreif geerntet, damit sie nicht vorzeitig aufplatzen und ihre Samenkerne verlieren. Erst beim Trocknen färben sie sich rostbraun.
Da ein Großteil des Aromas in der holzigen Schale steckt, wird sie immer mitverarbeitet, auch bei der Herstellung von Gewürzpulvern wie der bekannten *Fünf-Gewürze-Mischung*. In dieser Kombination von Sternanis, Zimt, Nelken, Fenchel und Szechuanpfeffer spiegeln sich die fünf Geschmacksrichtungen der chinesischen Küche wieder – süß, sauer, salzig, bitter und scharf. Die Mischung entfaltet ihr Aroma vor allem bei der Zubereitung von fettreichen Speisen wie Enten- oder Schweinebraten. Wer zu viel davon gegessen hat, dem hilft flüssiger Sternanis in Form von *Ouzo, Sambuca* oder *Pastis*.

Vanille

Die Liebenden *Mexiko*

Bei den Azteken war es Brauch, ein großes Fest zu Ehren des Sonnengottes in der Pyramidenstadt Papantla zu feiern. Jahr für Jahr wurde ein Mädchen von königlichem Blut auserwählt, um es dem Sonnengott zu opfern und dafür seinen Segen zu erhalten. Die Priester mussten das Orakel befragen, um unter den adligen Töchtern der Stadt die Richtige auszuwählen. Eines Tages traf das Los ein Mädchen namens Vanila. Sie war eine schöne Aztekenprinzessin, schlank wie eine Orchidee. Ihr langes braunes Haar umspielte ihre biegsame Gestalt und fiel ihr wie ein Wasserfall den Rücken hinunter. Obwohl die Priester Mitleid mit dem Mädchen hatten, waren sie sich sicher, dass ihnen der Sonnengott nach diesem Opfer besonders gewogen sein würde. Die junge Prinzessin hatte keine Angst, im Tempel zu sterben. Doch sie liebte einen jungen Krieger und der Gedanke daran, dass der Tod sie nun trennen sollte, machte ihr das Herz schwer. „Ich muss ihm sagen, dass die Zeit des Abschieds gekommen ist", dachte sie traurig und bat ihn, zu ihrem heimlichen Treffpunkt in den Wald zu kommen. Vanila verließ die Stadt über einen schmalen Pfad, der direkt ins Dschungeldickicht führte, und wartete dort auf die Ankunft ihres Geliebten. Xocolatl, der junge Krieger, bahnte sich den Weg durch die dichten Bäume, die das Sonnenlicht fernhielten, und fand seine Liebste dort voller Kummer.

„Küss mich mein Liebster, denn schon morgen werde ich die Braut des Sonnengottes sein." Xocolatl wusste, was dies bedeutete, und auch sein Herz verdunkelte sich.

So war das Liebespaar in Umarmung vereint, doch das Schicksal schwebte wie ein schwarzer Vogel über ihnen. „Ich habe eine Idee", sagte plötzlich Xocolatl, „wenn Du vor den Feierlichkeiten eines natürlichen Todes stirbst, kannst Du nicht geopfert werden. Nimm eine Prise von dem Gift, mit dem wir die Pfeile einreiben, dann fällst Du in einen tiefen Schlaf und ich kann Dich

retten." Der Plan stimmte das Liebespaar wieder zuversichtlich und sie umarmten sich ein letztes Mal, bevor sie getrennt in die Pyramidenstadt zurückkehrten. Als sie sich zur Ruhe begab, ließ Vanila sich von ihrer Dienerin einen Schlaftrunk zubereiten. Sie nahm das Pfeilgift und tat eine Messerspitze davon hinein. Und weil es so süß duftete, nahm sie ein bisschen mehr, als sie verabredet hatten. Dann wurde es Nacht um sie.

Am nächsten Morgen fand man die Prinzessin leblos in ihrem Schlafgemach liegend. Die Priester dachten, dass ein Dämon sie in der Nacht geholt hätte und deuteten dies als schlechtes Omen für die Opferfeier. Sie legten die Prinzessin auf eine Bahre aus Palmenblättern und ließen sie vor die Tore der Stadt bringen, um sie in der Wildnis den bösen Geistern zu überlassen. Dort, im Dickicht des Dschungels, wartete Xocolatl bereits sehnlichst darauf, seine Geliebte wieder in den Armen zu halten. Sobald die Priester verschwunden waren, versuchte er, sie aus dem tödlichen Schlaf zu wecken, doch all seine Bemühungen waren umsonst, denn das Herz von Prinzessin Vanila hatte aufgehört zu schlagen. „Mein Gift hat sie getötet", dachte er in tiefster Verzweiflung, „nun will auch ich sterben." Er nahm sein Obsidianmesser und setzte seinem Leben mit einem Stoß in die Brust ein jähes Ende. Kurze Zeit später erwachte die Prinzessin, deren Herz nur kurze Zeit stillgestanden hatte. Als sie ihren Geliebten tot neben sich liegen sah, erkannte sie voller Schmerz seinen Irrtum. „Es war nicht recht, dem Sonnengott sein Opfer zu verweigern. Nun hat er es sich doch geholt. Er soll auch mein Blut bekommen, damit wir für immer vereint sind", sprach sie und tötete sich mit derselben Waffe.

Am nächsten Tag fand man an der Stelle, wo die Prinzessin aufgebahrt gewesen war, zwei Pflanzen in inniger Umarmung. Ein mächtiger Kakaobaum war über Nacht dort gewachsen, eng umschlungen von einer Orchidee mit weißen Blüten, deren lieblicher Duft die Herzen der Menschen zum Schmelzen brachte. Bald darauf bekam die Orchidee längliche Früchte, die nach dem Trocknen samtbraun schimmerten, so wie einst Prinzessin Vanilas Haar. Da erkannten die Bewohner der Pyramidenstadt, welch wundersame Verwandlung geschehen war, und dass in beiden Pflanzen Zauberkräfte stecken mussten. Aus Kakao und Vanille bereiteten sie von nun an ein Getränk, gewürzt mit Chili und Honig, das seine magische Wirkung bis heute bewahrt hat: die Schokolade. Wer immer davon kostet, wird an die Süße und die Bitternis der Liebe erinnert, und manch einer kann sein Leben lang nicht mehr davon lassen.

Als VANILLE bezeichnet man die Früchte der Orchideenart *Vanilla planifolia,* die erstmals von den Ureinwohnern Mexikos, den Totonaken, kultiviert wurde. Sie nannten die Pflanze *Xanath,* was in ihrer Sprache *geheime Blume* bedeutet. Hernán Cortés, ein spanischer Eroberer, brachte sie Ende des 16. Jahrhunderts mit den Kakaobohnen nach Europa. Die vanillefarbene Orchideenblüte ist zweigeschlechtlich, doch sie kann auf natürlichem Weg nur von der vom Aussterben bedrohten Melipona-Biene oder von Kolibris bestäubt werden. Auf den Plantagen in der Karibik, auf Tahiti oder Madagaskar werden die Blüten von Hand befruchtet, was die Vanille zu einem der kostspieligsten Gewürze der Welt macht. Die reifen Kapselfrüchte sehen zunächst wie grüne Bohnen aus. Ihr betörender Duft entsteht durch das anschließende Fermentieren. Dabei werden die grünen Schoten schwarzbraun und bilden den Aromastoff *Vanillin,* der sich wie Raureif auf der Außenhaut ablagern kann. Das Aroma befindet sich im Fruchtmark und in der Fruchtwand. Der Geschmack der echten Vanille besteht aus über hundert Bestandteilen, die wie ein kompliziertes Puzzle zusammengefügt sind.
Es lohnt sich deshalb, Vanillestangen nicht nur auszukratzen, sondern das Aroma der Schale in Zucker, Sahne oder Alkohol aufzufangen. Vanille gilt als Aphrodisiakum. Sie macht nicht nur Parfüms unwiderstehlich, sondern verleiht auch Süßigkeiten wie Schokolade oder Eiscreme Suchtcharakter. Wer weniger Zucker verwenden möchte, nimmt einfach eine Prise Vanille; allein durch ihren Geruch wird eine Speise als süß empfunden.

Wacholder

Frau Holda *Estland*

Auf der Insel Saaremaa lebte einst ein Weber mit seiner Tochter. Im Frühjahr war er Witwer geworden und weil das Leben allein ihm zu schwer war, ging er an Pfingsten auf Brautschau. Er fand eine junge Frau aus dem Nachbardorf und verheiratete sich noch vor dem Johannistag mit ihr. Die neue Braut war dem Mann eine tüchtige Ehefrau, seiner Tochter aber machte sie das Leben zur Hölle. Bei Tage schickte sie das Mädchen allein in den Wald, um Flachs zu schneiden, und nachts ließ sie ihre Finger am Spinnrocken blutig werden. So ging es viele Monate und die Mühsal wollte kein Ende nehmen. Als eines Tages der erste Schnee gefallen war, sagte die Stiefmutter: „Geh mir Beeren sammeln, ich habe Appetit darauf, und komm erst wieder, wenn die Kiepe gefüllt ist." Das Mädchen dachte bei sich: „Wo soll ich nur Beeren im Winter finden?", und machte sich verzagt auf den Weg.

Es herrschte eisige Kälte im Wald und das Herz wurde ihr schwer während sie immer tiefer in den Wald hineinging. Endlich kam sie zu einer kreisrunden Lichtung, die von stacheligen Wacholderbüschen umgeben war. Hier war es windstill und die Wintersonne hatte lauter blaue Beeren am Wacholder reifen lassen. Sie kostete die bittersüßen Früchte und begann augenblicklich ihre Kiepe damit zu füllen. So versunken war sie in ihre Arbeit, dass sie die Dämmerung erst wahrnahm, als es schon zu spät für den Heimweg war. „Jetzt muss ich mir einen sicheren Platz für die Nacht suchen", dachte sie und ging zu einem der Wacholderbüsche, dessen Zweige sich wie ein schützendes Dach über seine Wurzeln legten. Als sie die Äste auseinanderschob, entdeckte sie eine Tür im Baumstamm und ein Fensterchen, durch das man in eine gemütliche Stube sah. Eine Frau mit flachsblondem Haar spielte darin mit zwei Kindern. „Komm nur herein", sagte sie, als sie das Mädchen am Fenster erblickte, „Ich lebe hier ganz allein mit meinen Töchtern." In der Stube war es mollig warm und die beiden Kinder waren begeistert über ihre neue Spielkameradin. Nach einer Weile klatschte Frau Holda in die Hände und es erschienen Schüsseln und Teller mit den feinsten Speisen. Nach dem Essen legten sie sich in den weichen Betten nieder und das Mädchen hatte so süße Träume wie schon lange nicht mehr. Am nächsten Morgen wollte sie sich verabschieden, aber die beiden Kinder nahmen sie bei der Hand und zeigten ihr, wie man den Flachs so fein spinnen konnte, dass er fast unsichtbar war und allerlei andere Kunstfertigkeiten. Erst als die Sonne sich wieder neigte, gab ihr Frau Holda eine hölzerne Spindel und sagte: „Sie wird Dir den Weg nach Hause zeigen. Du kannst uns jederzeit wieder besuchen kommen, aber Du darfst keiner Menschenseele unser Versteck verraten." Dann ließ sie die Kinder Abschied voneinander nehmen.

Das Mädchen wusste nicht welche Richtung sie nehmen sollte, aber die Spindel sprang von selbst aus ihrer Hand und begann voraus zu rollen. Dabei hinterließ sie eine glitzernde Spur im Schnee, der das Mädchen folgte. Mit ihrer Kiepe voll Beeren stand sie schließlich wohlbehalten in der guten Stube. Die Stiefmutter, die schon gehofft hatte, dass sie im Wald erfroren wäre, traute ihren Augen nicht. Als das Mädchen auch noch Garn so fein wie Gold zu spinnen vermochte, dachte sie: „Da ist Hexerei am Werk". Am übernächsten Tag weckte sie die Stieftochter mit den Worten: „Hol mir frische Pilze aus dem Wald, mir ist heute danach." Dann band sie ihr die Kiepe auf den Rücken und schickte sie fort. Das Mädchen wusste, dass es keine Pilze im Schnee geben konnte, aber sie machte sich tapfer erneut auf den Weg. Dieses Mal wollte sie gleich bei der Wacholderfrau um Rat fragen. Mit Hilfe der Spindel war sie im Nu bei der Lichtung angelangt, wo sie so viele Pfifferlinge fand, dass sie den Tag mit Frau Holda und ihren Töchtern wie im Paradies verbringen konnte.

Die böse Stiefmutter aber war dieses Mal dem Mädchen gefolgt. Als sie entdeckte, dass hier überirdische Mächte im Spiel waren, dachte sie: „Dir werde ich es zeigen!" Und sie markierte den Wacholderbaum mit einem Kreuz. Dann lief sie schnurstracks zum Dorfschulzen, um ihre Stieftochter wegen Hexerei anzuzeigen. „Wir müssen sie zusammen mit ihrem Zauberbaum verbrennen", forderte sie. Am Ende gelang es ihr, alle Dorfbewohner gegen das unschuldige Mädchen aufzubringen. Die Männer zogen mit Fackeln bewaffnet in den Wald, um die vermeintliche Hexe zu finden. Als sie zu der Lichtung kamen und die Stiefmutter den von ihr markierten Baum suchte, musste sie feststellen, dass inzwischen jeder Baum und jede einzelne Wacholderbeere ein Kreuzzeichen trug. „Das ist das Werk des Teufels!“, schrie sie wütend und nahm eine Fackel, um alle Bäume niederzubrennen. Doch wo immer das Feuer die Zweige berührte, entstand nur beißender Rauch – so dicht, dass man bald keine Hand mehr vor Augen sehen konnte. Den Männern wurde es unheimlich zumute und sie machten, dass sie ins Dorf zurückkamen. Als sie am nächsten Morgen wieder nach dem Rechten sehen wollten, stand ein neuer Wacholderbaum allein auf der Lichtung. Seine Zweige waren krumm und schief und seine Beeren ungenießbar. Das Mädchen aber blieb für immer verschwunden und mit ihr die teuflische Stiefmutter. Seither bekreuzigen sich die Menschen vor dem Wacholderbaum, denn man weiß nie, welche Geister darin wohnen – die guten oder die bösen.

Das immergrüne Zypressengewächs *Juniperus communis* stammt aus dem Norden Europas. Der stark duftende WACHOLDER wird hier zum Räuchern von Fisch und Schinken benutzt. Da sein Holz sich nicht spaltet und frei von Schädlingen ist, eignet es sich ebenso zum Bogenbau wie für Musikinstrumente und Werkzeuge. Geradezu märchenhaft klingen seine weiteren Namen: *Queckholter, Machandel* oder *Kranewitt.* Für die Germanen war es der Baum der Erdgöttin Holda, welche die Menschen das Handwerk des Webens gelehrt hatte. Sie legten der Göttin Wolle unter den Stamm, um für Kindersegen zu bitten. Während die Kelten die weiße Baumfee Guinevere nannten, war bei den Römern der Wacholder der Muttergöttin Juno geweiht. Seine lateinische Bezeichnung *Juniperus* (junggeboren) weist darauf hin, dass man mit ihm die Wehen einleiten konnte. In der traditionellen Volksheilkunde nutzt man einen Wacholderauszug (mit Weingeist vermischte, zerquetschte Wacholderbeeren) für schmerzlindernde Einreibungen, die zudem die Durchblutung fördern.

Der Wacholder ist eingeschlechtlich, männliche und weibliche Bäume müssen daher benachbart stehen, damit nach drei Jahren am weiblichen Baum die Beeren mit ihrer kreuzförmigen Kerbe reifen. Im Mittelalter galten sie als Heilmittel gegen Pest und Cholera, denn sie sind reich an *Terpenen* und regen den Körper zur Entgiftung über die Nieren an.

In vielen alten Rezepten wird Wacholder zum Konservieren verwendet, um Schinken zu pökeln, Sauerkraut einzulegen oder Wild besser verdaulich zu machen. In den Alpen und im Baltikum kocht man sogar eine Marmelade aus seinen Früchten. Ein Großteil der Beeren wird heute jedoch zur Herstellung von *Genever* oder *Gin* verarbeitet. Wer frischen Wacholder selbst ernten möchte, dem sei geraten, genau hinzuschauen und nicht die giftigen Beeren des *Juniperus sabina* zu pflücken. Ihnen fehlt nicht nur das typische Kreuz, sondern auch die Nadeln des essbaren Wacholders. Ein altes Sprichwort sagt „Wacholder sticht, der Säbenbaum nicht".

Zimt

Die Legende vom Zimtbaum und der Mondfee *Sri Lanka*

Vor langer Zeit, als Himmel und Erde sich noch näher waren, stand ein Zimtbaum in einem paradiesischen Garten. Jede Nacht lauschte er dem Gesang der Mondfee und verliebte sich dabei in sie. Bei Tage wuchs er immer höher und höher und als er schließlich die Wolken durchbrochen hatte, öffnete er zwei Blütenaugen, um sie betrachten zu können. Die Mondfee blickte dem Zimtbaum tief in seine feine Blütenseele. Da überlief ihn ein heißer Schauer, seine Rinde verströmte einen süßen Duft und seine Blätter begannen sich zu röten. So begann die Liebe zwischen dem Zimtbaum und der Mondfee. Als neun volle Monde verstrichen waren, bekamen sie ein zimtbraunes Mädchen, das ihnen viel Freude machte. Der Baum rollte seine Rinde zu einer Flöte und das Mädchen lernte, darauf zu spielen und mit der Mondfee zu singen. So hätte es ewig andauern können. Eines Tages aber kam eine große Flut und begrub alles Land auf der Erde unter sich. Auch der Zimtbaum wurde entwurzelt und mitsamt seiner Tochter fortgespült. Zum Glück hatte er inzwischen eine so dichte Borke, dass er nicht unterging wie andere Bäume. Das Mädchen saß auf seinem Rücken so sicher wie auf einem Floß. Da trieb neben ihnen eine Ameisenfamilie hilflos auf dem wilden Meer. „Nimm uns mit, wir ertrinken", riefen die Ameisen und so nahmen sie die Ameisen mit an Bord. Weiter ging die abenteuerliche Reise auf dem Wasser und es begegnete ihnen ein Bienenschwarm, der sich mit letzter Kraft in der Luft hielt. „Lass uns auf Deiner Rinde ausruhen", baten die Bienen und so durften sie neben den Ameisen Platz nehmen. Als nächstes sahen sie ein Mädchen, das zu ertrinken drohte. Die Tochter des Zimtbaums bat ihren Vater: „Bitte hilf ihr, sie darf nicht untergehen." „Töchterchen, wir werden alle ertrinken, wenn ich sie mitnehme", sprach der Zimtbaum. Aber die Tochter bat solange, bis sich das Mädchen auf die Rinde des Baumes gerettet hatte. Zum Glück sahen sie in der Ferne eine Insel aus dem Wasser ragen und so wurden sie vor dem Untergehen bewahrt und an Land gespült. Auf der Insel gab es noch drei andere Menschen. Zwei Brüder mit ihrer alten Großmutter waren dort der Flut entkommen. Nun freuten sich alle miteinander, dass sie überlebt hatten. Der Baum fand einen Platz für seine Wurzeln und die Mädchen schliefen in dem Haus, welches die Brüder gebaut hatten. Bald begannen die Männer um die Mädchen zu werben. Das Zimtmädchen, das so schön musizieren konnte, war ihnen am liebsten und das andere Mädchen wurde eifersüchtig. Sie erzählte der Großmutter, das Zimtmädchen sei ungeschickt und könne kein Reiskorn von einem Sandkorn unterscheiden. „Das will ich selbst sehen, bevor ich es glaube", sagte die Großmutter und gab dem Zimtmädchen eine Schüssel voll Reis und Sand, um beides voneinander zu trennen. Während sie die mühevolle Arbeit auf sich nahm, kamen ihr die Ameisen zu Hilfe. „Du hast uns gerettet und nun helfen wir Dir", versprachen sie und im Handumdrehen hatten sie die Reiskörner herausgelesen. Die Großmutter sah wie fleißig und gutherzig das Zimtmädchen war und dass es an der Zeit war, beide Mädchen zu verheiraten, um weiteren Zwist zu vermeiden. Sie ging zu den Brüdern und schickte den älteren Richtung Sonnenaufgang und den jüngeren Richtung Sonnenuntergang. Dann sagte sie zu dem Zimtmädchen, das nicht wusste, wohin die beiden verschwunden waren: „Geh und such Dir den Mann, der für Dich bestimmt ist." Das Mädchen aber hatte den jüngeren Bruder, der sanft und zurückhaltend war, ins Herz geschlossen und wollte keine falsche Entscheidung treffen. Da schwirrten die Bienen um sie herum und wisperten „Wesssten, Wesssten, Wesssten". Voller Freude schlug sie den Weg Richtung Sonnenuntergang ein, wo sie schon sehnsüchtig erwartet wurde. Zum älteren Bruder schickte die Großmutter nun das andere Mädchen und auch diese beiden wurden ein glückliches Paar. So sind die ersten Menschen nach Sri Lanka gekommen und sie bekamen viele zimtbraune Kinder und Kindeskinder. Im Westen der Insel wachsen die Zimtbäume immer noch bis in den Himmel, um dort nach der Mondfee Ausschau zu halten.

ZIMT stammt ursprünglich aus Ceylon (heute: Sri Lanka) und wird schon im Alten Testament als zeremonieller Duftstoff erwähnt. Die Ägypter nutzten seine Rinde zum Räuchern, das Öl zum Einbalsamieren. Der botanische Name *Cinnamomum verum* geht auf das griechische *kinnamon* (süßes Holz) zurück. Mit den Phöniziern kam der Zimt ins Römische Reich, wo er *canella* (Röhrchen) genannt wurde.
Der Zimtbaum ist ein Lorbeergewächs und gedeiht in den tropischen Gebieten Asiens von Indien bis Vietnam. Man unterscheidet *Echten Ceylon-Zimt (Cinnamomum verum)* vom holzigeren *Cassia-Zimt* (*Cinnamomum aromaticum* oder *C.cassia*), der aus China stammt. Die Zimternte ist zeitraubend und mühevoll. Um an die aromatische Baumrinde zu gelangen, werden die Äste des Baumes von ihrer Korkschicht befreit. Die darunterliegende Rinde wird vorsichtig abgelöst und in Lagen von acht bis zehn Blättern getrocknet. Dabei rollt sich die Rinde zu ihrer typischen Röhrenform auf. Die darin enthaltenen ätherischen Öle, *Zimtaldehyd* und *Eugenol*, wirken desinfizierend und schmerzlindernd. Für den verführerischen Duft ist *Cumarin* verantwortlich, das in hohen Dosen gesundheitsschädlich sein kann. Chinesischer Cassia-Zimt enthält doppelt so viel *Cumarin* wie Ceylon-Zimt. Wer ihn häufig benutzt, sollte beim Kauf auf seine Herkunft achten oder die geschmacksintensiven Zimtsorten aus Vietnam *(C. loureirii)* oder Indonesien *(C. burmanni; Padang-Zimt)* ausprobieren. Deren Cumarinanteil fällt durch ihr Aroma nicht ins Gewicht. Selten wird ein Gewürz so unterschiedlich verwendet: Während in Europa Süßspeisen und Weihnachtsgebäck großzügig mit gemahlenem Zimt gewürzt werden, benutzt man im Orient und in Asien Zimtstangen für herzhafte Fleischgerichte und Currys. Ein Erbe der antiken Gewürzhändler ist die griechische *Moussaka*. Hier wird Hackfleisch mit Zimt angebraten, bevor Kreuzkümmel, Oregano und später Muskat dazukommen.

Danksagung

Ich danke der *Stadt Frauenfeld* und insbesondere dem Kulturbeauftragten *Christof Stillhard* für die bereitgestellten Fördermittel, ohne die dieses Buch nicht hätte realisiert werden können.

Ein herzliches Dankeschön an *Carole* für ihre wunderbaren Ideen und ihr Talent, mit Wasser und Farbe Geschichten zum Leben zu erwecken.

Danke an *Julia* und *Simone Graff* vom Hädecke Verlag, die mit persönlichem Engagement sowohl Layout und Lektorat als auch die technische Gesamtherstellung betreut haben.

Mein ganz besonderer Dank gilt meinem Mann *Uwe,* der mich immer in meinen Vorhaben unterstützt und im Stillen dafür sorgt, dass unser eigenes Märchen wahr wird.

Von Autorin und Illustratorin bereits erschienen

80 Seiten mit 40 Illustrationen, Hardcover, ISBN 978-3-7750-0402-2.

Märchen von Steinen und Sternen

Farbig illustriertes Märchenbuch von Amethyst bis Zirkon für große und kleine Leser, für Schatzsucher und Sternegucker. Jedes Märchen enthält – wie so oft – ein Stück Wahrheit, einen Hinweis auf die Herkunft oder die Eigenschaften der Edelsteine, deren Magie sich weder Kinder noch Erwachsene entziehen können. 18 Steine, alle auch als Heilsteine von Bedeutung, sind die Grundlage der fantasievollen Funkelstein-Erzählungen.

Autorin

Die Autorin *Birgit Damer* ist Goldschmiedin und passionierte Köchin. Während ihrer Tätigkeit für das Kreuzfahrtunternehmen TUI Cruises folgte sie den Spuren antiker Gewürzhändler, sammelte Märchen und Mythen, die sich um die kostbaren Schätze der Natur ranken und brachte sie zu Papier. Neben „Märchen von Steinen und Sternen" ist dies die zweite Zusammenarbeit mit der Schweizer Illustratorin Carole Isler. Birgit Damer lebt mit zwei Katzen und vielen Kräutern auf der Insel Lanzarote, wo sie mit ihrem Mann ein Geschäft für Designprodukte aus eigener Werkstatt betreibt.
www.lanzastil.com

Illustratorin

Die Künstlerin *Carole Isler* liebt es, die Welt zu entdecken. Sie studierte Kunst an der Hochschule Luzern und in England an der Bath Spa University. Nach ihrem Bachelor-Abschluss absolvierte sie ein Praktikum am Museum of Modern Art in New York und lebte eine Zeit lang in Buenos Aires. Danach war sie für die „Mein Schiff" Flotte und für „Ärzte ohne Grenzen" künstlerisch tätig. Als Artist in Residence arbeitete sie in Berlin und in Kairo. Mit ihren phantasievollen Illustrationen hat sie schon mehrere Kinderbücher ausgestattet und an internationalen Ausstellungen teilgenommen. Carole Isler lebt und arbeitet in der Schweiz.
www.caroleisler.com